EDINBURGH STREET ATLAS

Contents

KEY MAP	3
MAP PAGES	4-45
INDEX	46-66

GEOGRAPHIA

Legend

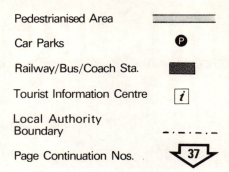

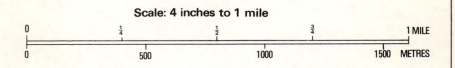

© Bartholomew 1989

Bartholomew is a Division of HarperCollins Publishers

Based upon Ordnance Survey maps with the sanction of the Controller of Her Majesty's Stationery Office. Crown Copyright reserved.

First edition 1986
Second edition 1989

Published by Bartholomew
Duncan Street, Edinburgh, EH9 1TA

Great care has been taken throughout this book to be accurate but the publishers cannot accept responsibility for any errors which appear, or their consequences.

Printed in Great Britain by Bartholomew,
HarperCollins Manufacturing, Edinburgh.

D/B 4327

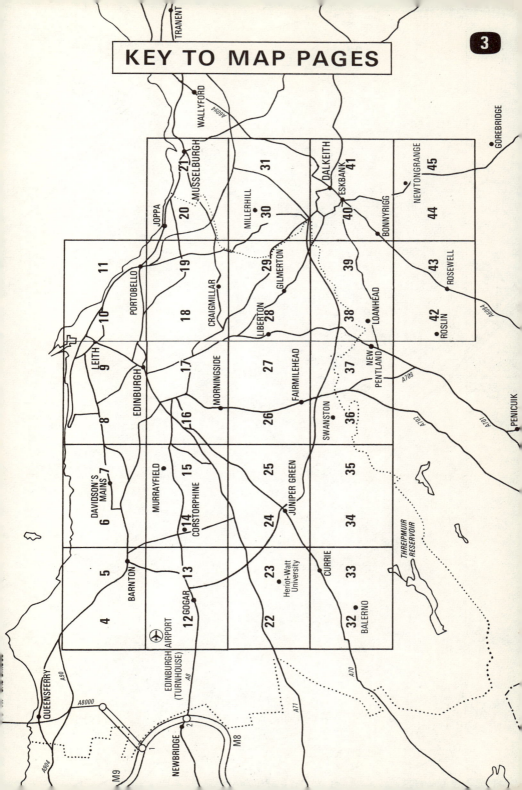

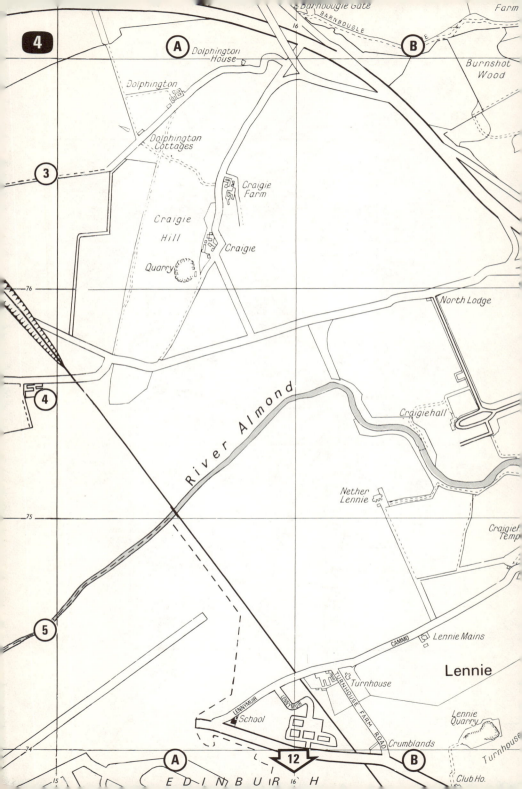

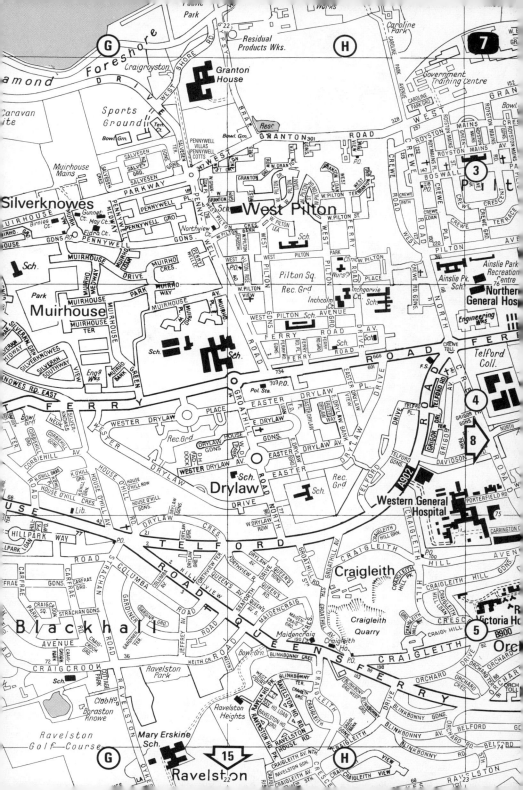

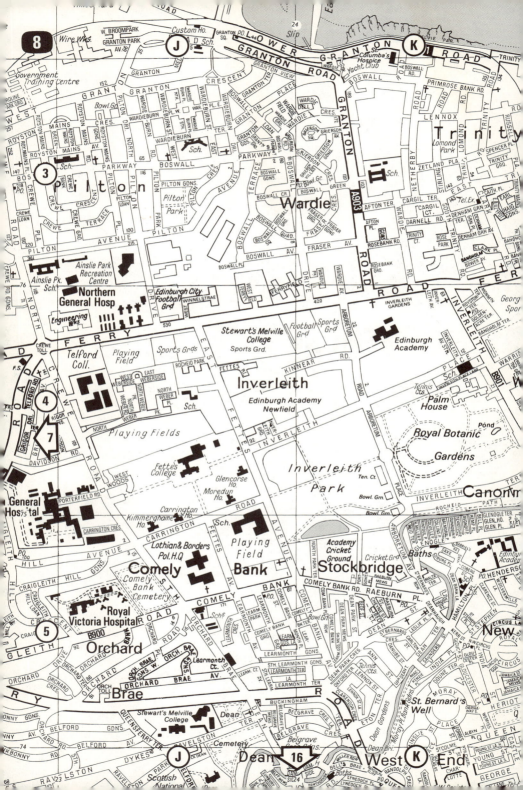

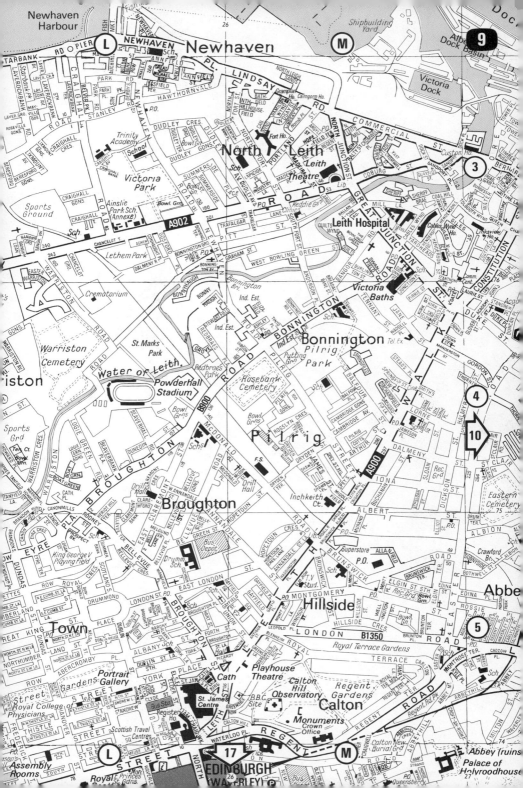

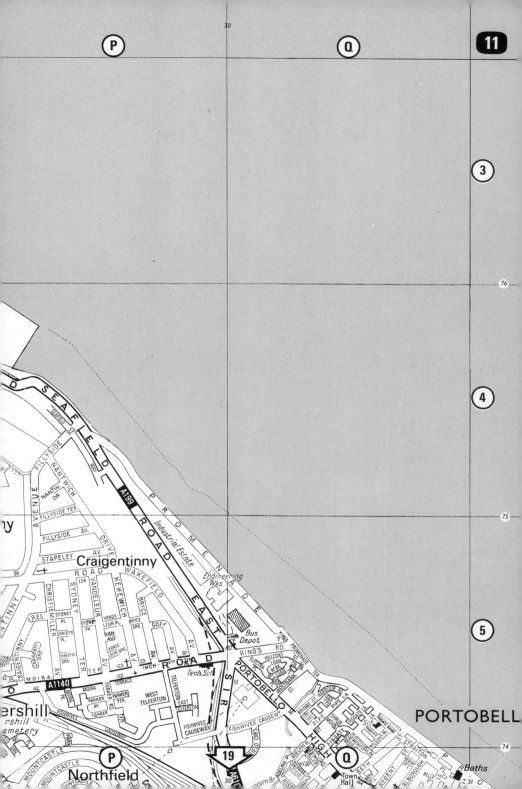

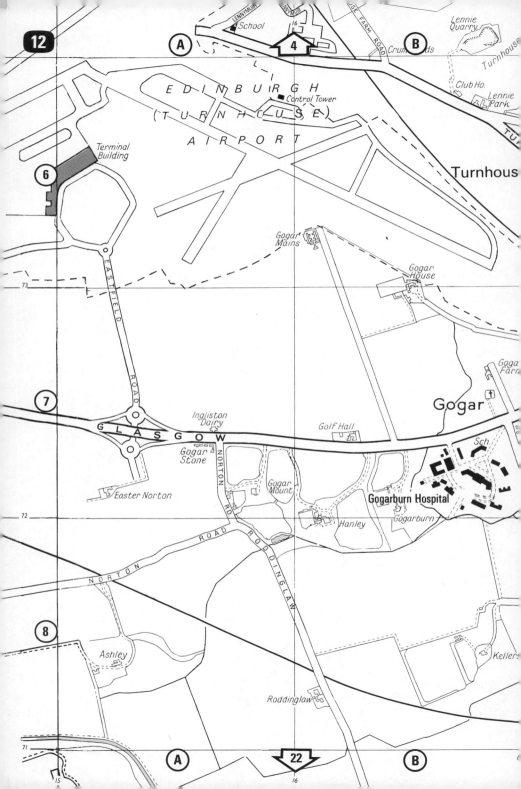

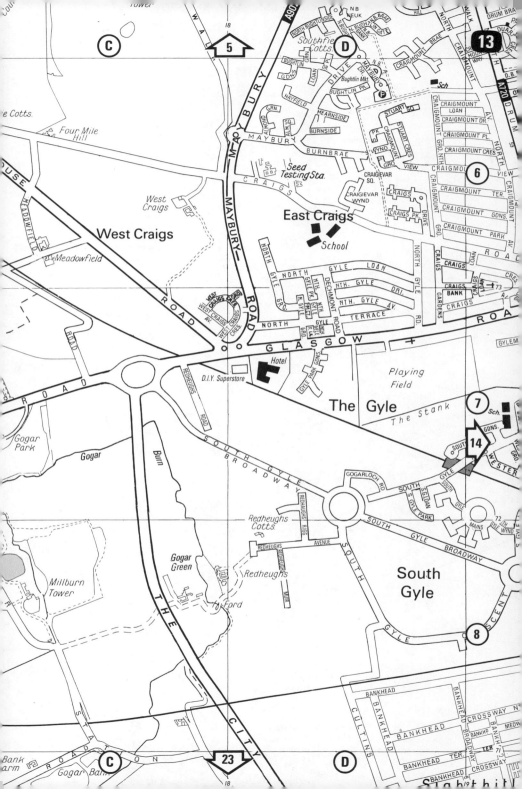

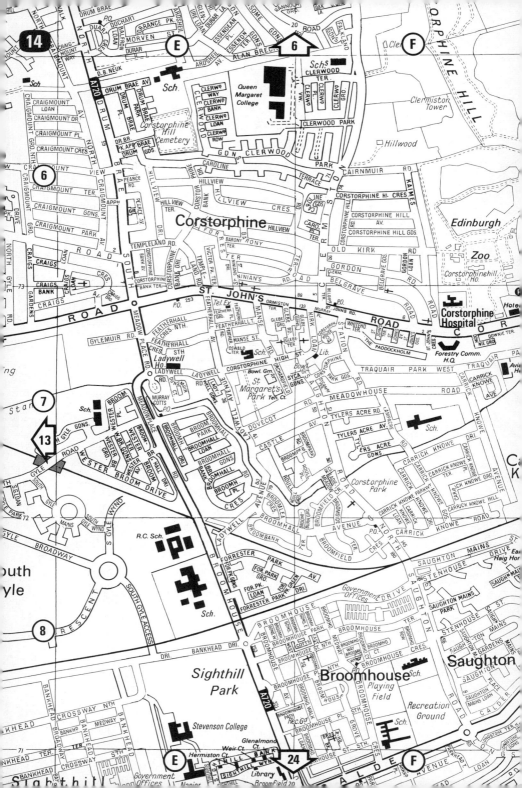

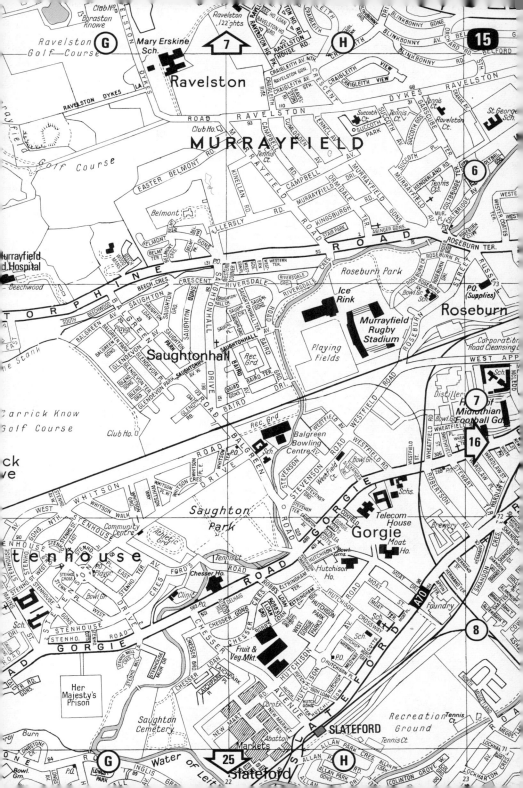

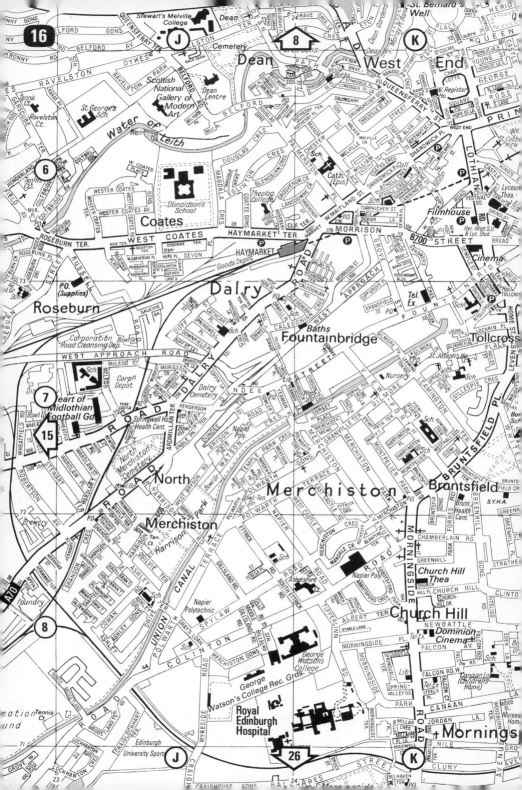

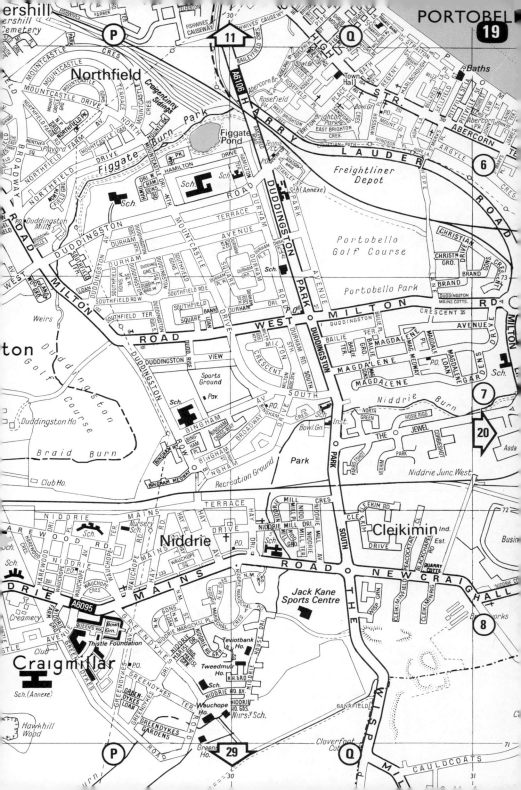

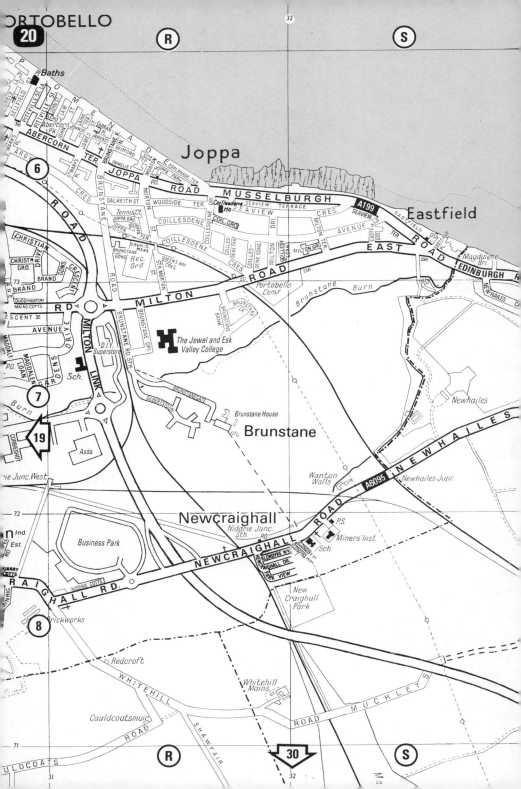

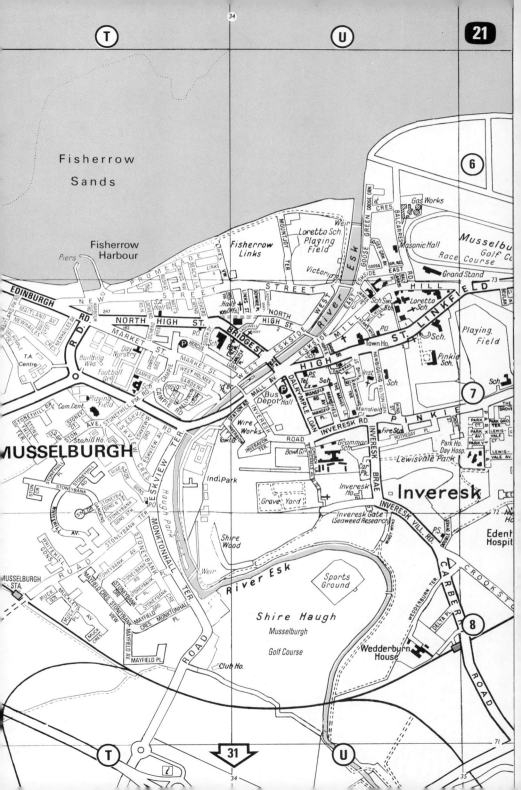

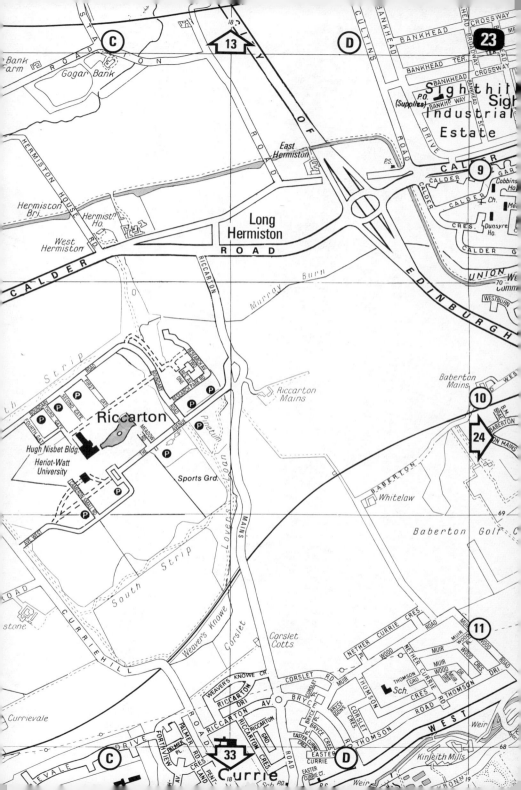

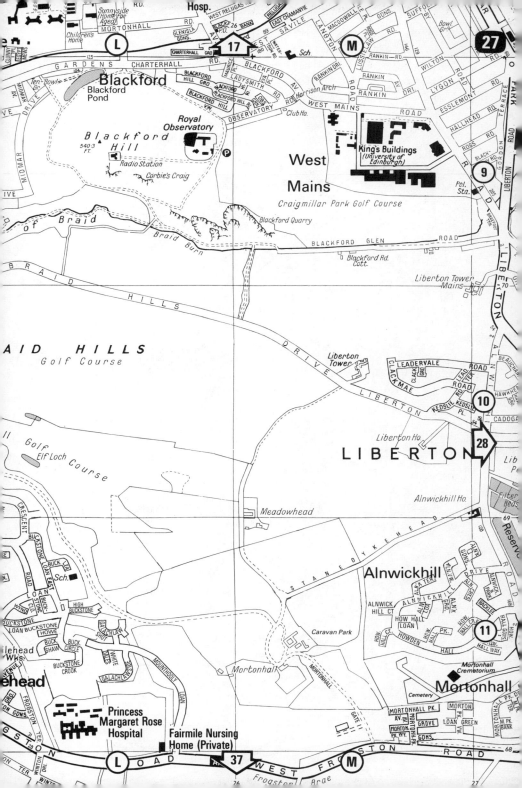

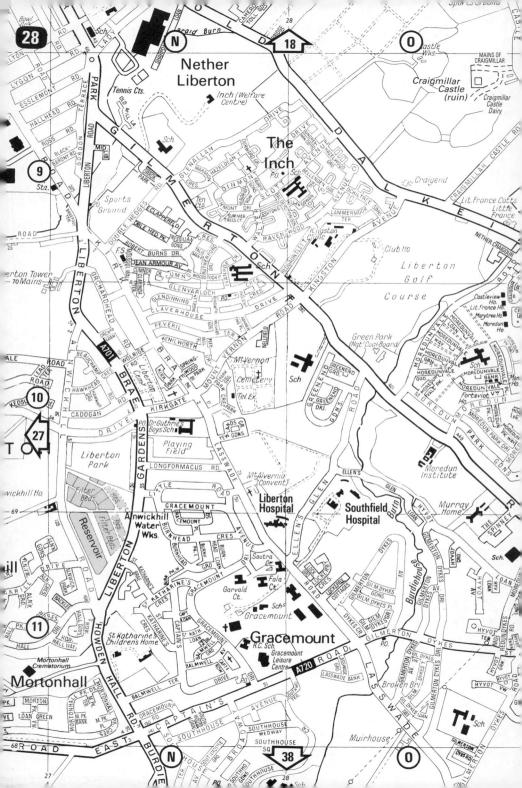

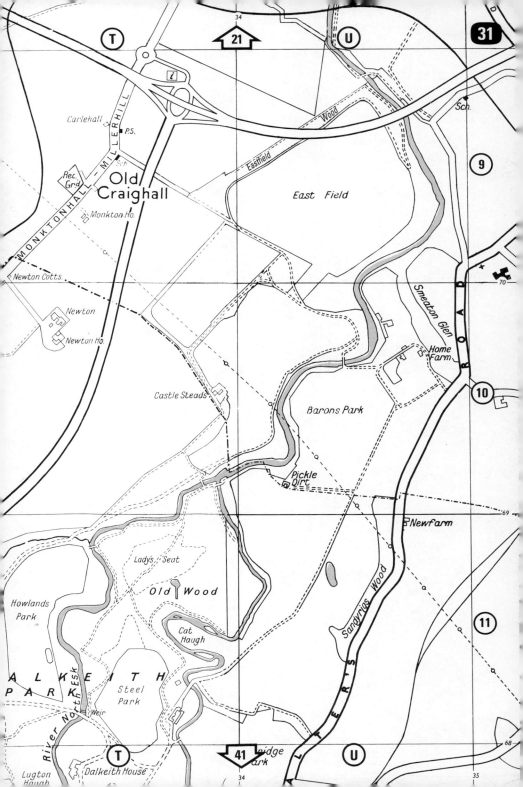

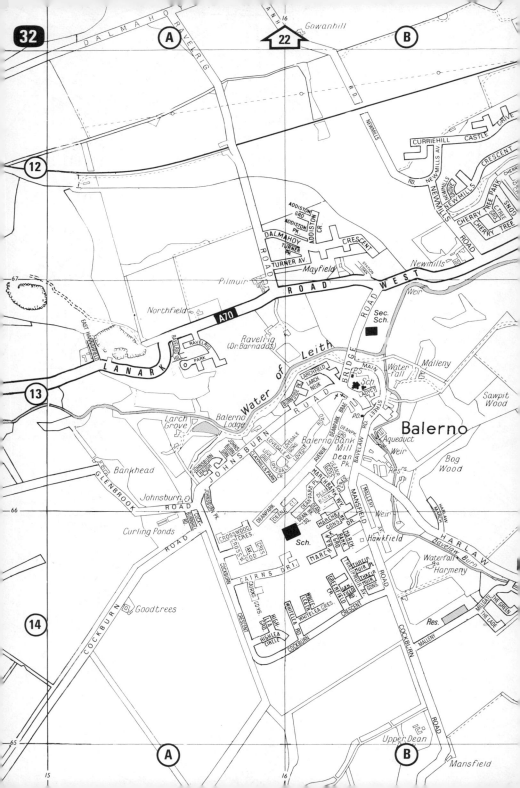

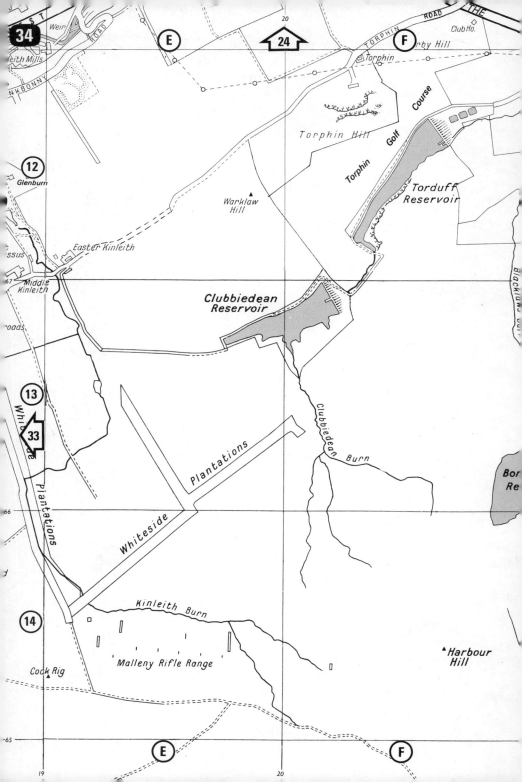

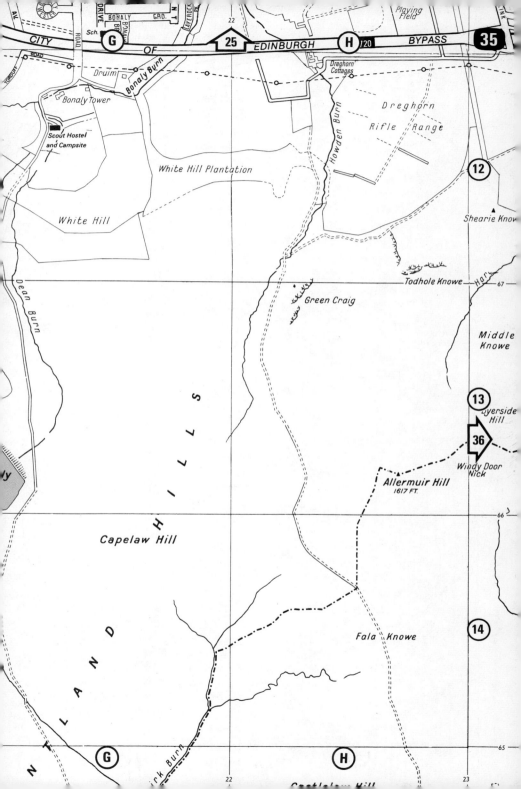

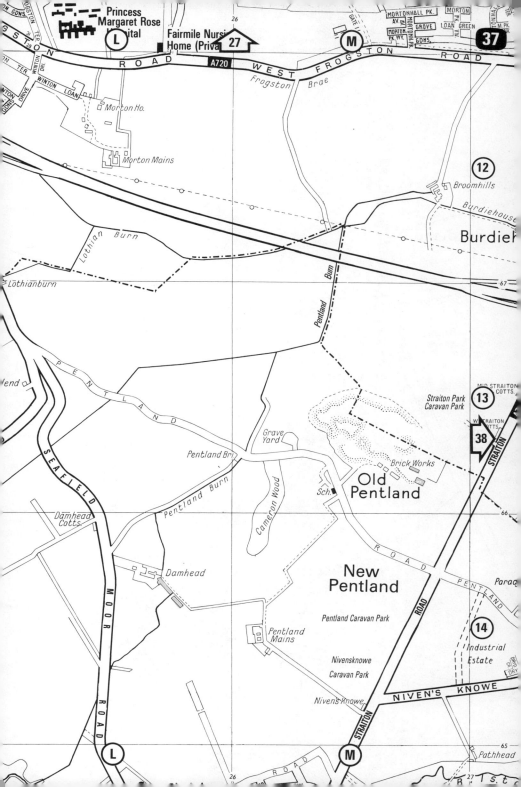

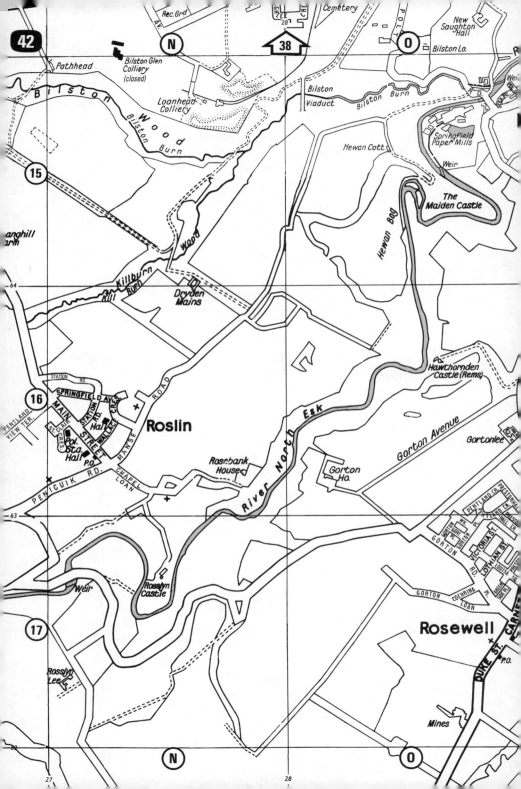

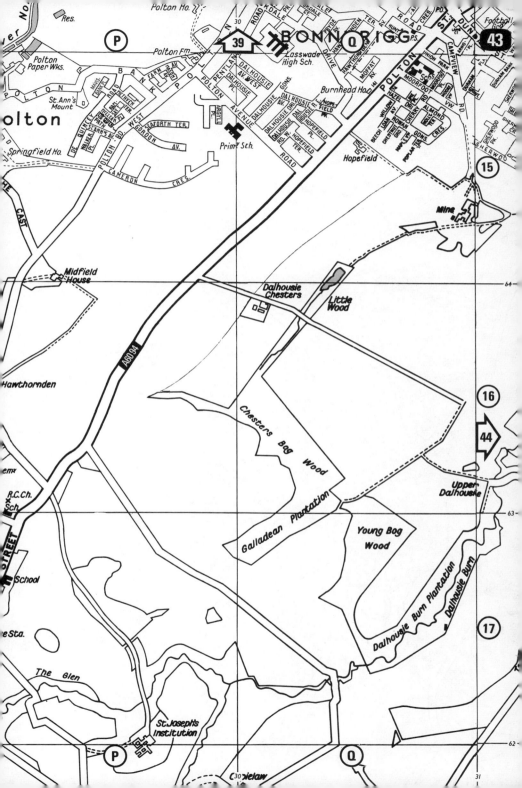

INDEX TO
GEOGRAPHIA
ATLAS OF

E D I N B U R G H

ABBREVIATIONS USED FOR POSTAL DISTRICT NAMES

Barn.	Barnton	Lass.	Lasswade	Newb.	Newbridge	Rose.	Rosewell
Bonny.	Bonnyrigg	Loan.	Loanhead	Pen.	Penicuik	Rosl.	Roslin
Dal.	Dalkeith	Muss.	Musselburgh	Port.	Portobello	S.Q.	South Queensferry
Gore.	Gorebridge						

ABBREVIATIONS

Av.	Avenue	Dri.	Drive	Lr.	Lower	Rd.	Road
Bldgs.	Buildings	Gdns.	Gardens	Mt.	Mount	Sq.	Square
Clo.	Close	Grn.	Green	Nth.	North	Sth.	South
Cotts.	Cottages	Gro.	Grove	Pde.	Parade	St.	Street
Cres.	Crescent	Ho.	House	Pk.	Park	Ter.	Terrace
Ct.	Court	La.	Lane	Pl.	Place	Wk.	Walk

NOTES

The figures and letters following a street name indicate the postal district for that street with the square and page number where it will be found in the atlas.

A street name followed by the name of another street in italics does not appear on the map, but will be found adjoining or near the latter.

An INDEX ADDENDUM is given at the end of this index

Abbeygrange 22	T15	45	Albert St. 7	M5	9	Anchorfield 6	O4	10
Abbeyhill Cres. 7	M5	9	Albert Ter. 10	K8	16	*Seafield*		
Abbey La. 7	N5	10	Albion Pl. 7	N5	10	Ancrum Bank 22	S13	40
Abbey Mt. 7	M5	9	Albion Rd. 7	N5	10	Ancrum Rd. 22	S13	40
Abbey Rd. 22	S13	40	Albion Ter. 7	N5	10	Anderson Av. 22	T15	45
Abbey Strand 8	M6	17	Albyn Pl. 2	K5	8	Anderson Pl. 6	M4	9
Abbeystrand 22	T15	45	Alderbank Gdns. 11	J8	16	Andrew Dodd's Av. 22	U14	41
Abbey St. 7	N5	10	*Alderbank Ter.*			Andrew Wood Ct. 6	L3	9
Abbotsford Ct. 10	K8	16	Alderbank Pl. 11	J8	16	Angle Park Ter. 11	J7	16
Abbotsford Cres. 10	K8	16	*Alderbank Ter.*			Annandale St. La. 7	M5	9
Abbotsford Park 10	K8	16	Alderbank Ter. 11	J8	16	Annandale St. 7	L5	9
Abercorn Av. 8	O6	18	Alexander Dri. 11	H7	15	Annfield 6	M3	9
Abercorn Ct. 8	O6	18	Alfred Pl. 9	M8	17	Annfield 14	E11	24
Abercorn Cres. 8	O6	18	Allanfield 7	M5	17	*Belmont Rd.*		
Abercorn Dri. 8	O6	18	Allan Park Cres. 14	H8	15	Annfield St. 6	L3	9
Abercorn Gdns. 8	O5	10	Allan Park Dri. 14	H9	25	Ann St. 4	K5	8
Abercorn Gro. 8	O6	18	Allan Park Gdns. 14	H9	25	Antigua St. 1	M5	9
Abercorn Rd. 8	O6	18	Allan Park Loan 14	H9	25	Anworth Villas 12	F7	14
Abercorn Ter. 15	R6	20	Allan Park Rd. 14	H9	25	*Saughton Rd. Nth.*		
Abercromby Pl. 3	L5	9	Allan Ter. 22	T12	41	Appin Ter. 14	H8	15
Abinger Gdns. 12	H6	15	Allendale 13	G10	25	Arboretum Av. 3	K5	8
Academy La. 20	O14	38	*Spylaw St.*			Arboretum Rd. 3	K4	8
Academy St. 6	N4	10	Allermuir Ct. 13	J10	26	Arbuthnot Rd. 20	O14	38
Addiston Cres. 14	B12	32	Allermuir Rd. 13	G11	25	Archibald Pl. 3	L6	17
Addiston Gro. 14	B12	32	Alloway Loan 16	N9	28	Arden St. 9	L7	17
Addiston Park 14	B12	32	*Clarinda Ter.*			Ardmillan Pl. 11	J7	16
Adelphi Gro. 15	Q6	19	Almondbank Ter. 11	J8	16	Ardmillan Ter. 11	J7	16
Adelphi Pl. 15	Q6	19	Almond Ct. East 4	D4	5	Ardmillan Ter. La. 11	J7	16
Admiral Ter. 10	K7	16	Almond Ct. West 4	D4	5	*Ardmillan Ter.*		
Admiralty St. 6	M3	9	Almond Cres. 19	Q15	43	Ardshiel Av. 4	E5	6
Affleck Ct. 12	D6	13	Almond Grn. 12	D6	13	Argyle Cres. 15	Q6	19
Craigievar Wynd			Almond Sq. 12	D6	13	Argyle Park Ter. 9	L7	17
Afton Pl. 5	K3	8	Alnwickhill Ct. 16	M11	27	Argyle Pl. 9	L7	17
Afton Ter. 5	K3	8	Alnwickhill Cres. 16	M11	27	Argyle St. 6	M3	9
Agnew Ter. 6	L3	9	Alnwickhill Dri. 16	M11	27	Argyll Pl. 19	P15	43
Ainslie Pl. 3	K5	8	Alnwickhill Gdns. 16	M11	27	Argyll Ter. 11	K6	16
Airlie Pl. 3	L5	9	Alnwickhill Gro. 16	M11	27	*Dalry Pl.*		
Brandon St.			Alnwickhill Loan 16	M11	27	Arniston Pl. 19	Q14	39
Aitchisons Pl. 15	Q5	11	Alnwickhill Pk. 16	N11	28	Arnott Gdns. 14	G9	25
Figgate St.			Alnwickhill Rd. 16	N10	28	Arthur Pl. 8	M6	17
Alan Breck Gdns. 12	E5	6	Alnwickhill Ter. 16	M11	27	*Arthur St.*		
Albany La. 1	L5	9	Alnwickhill Vw. 16	M11	27	Arthur St. 6	M4	9
Albany St. 1	L5	9	Alvanley Ter. 9	K7	16	Arthur St. 8	M6	17
Albert Pl. 7	M5	9	*Whitehouse Loan*			Arthur View Cres. 22	Q10	29
Albert Rd. 6	N3	10	Alva Pl. 7	N5	10	Arthur View Ter. 22	Q10	29
			Alva St. 2	K6	16			

46

Name	Grid	Page
Ashfield 9	L8	17
Ashley Dri. 11	J8	16
Ashley Gdns. 11	J8	16
Ashley Gro. 11	J8	16
Ashley Pl. 6	M4	9
Ashley Ter. 11	J8	16
Ashton Gro. 16	N9	28
Ashville Ter. 6	N4	10
Assembly St. 6	N3	10
Atholl Cres. 3	K6	16
Atholl Pl. 3	K6	16
West Maitland St.		
Atholl Ter. 11	K6	16
Dalry Pl.		
Auchingane 13	J11	26
Auchinleck Ct. 6	L3	9
Auchinleck's Brae 6	L2	9
Main St.		
Avenue Rd. 22	S13	40
Avenue, The, 14	C10	23
Avondale Pl. 3	K5	8
Avon Gro. 4	D4	5
Avon Pl. 4	D4	5
Avon Rd. 4	D4	5
Baberton Av. 14	E11	24
Baberton Cres. 14	E11	24
Baberton Loan 14	E11	24
Baberton Mains Bank 14	E11	24
Baberton Mains Brae 14	E10	24
Baberton Mains Ct. 14	F10	24
Baberton Mains Cres. 14	E10	24
Baberton Mains Dell 14	E10	24
Baberton Mains Dri. 14	E10	24
Baberton Mains Gdns. 14	E10	24
Baberton Mains Grn. 14	E10	24
Baberton Mains Gro. 14	E10	24
Baberton Mains Hill 14	E10	24
Baberton Mains Lea 14	E10	24
Baberton Mains Loan 14	F10	24
Baberton Mains Pk. 14	E10	24
Baberton Mains Rise 14	E10	24
Baberton Mains Row 14	E10	24
Baberton Mains Ter. 14	E10	24
Baberton Mains Vw. 14	F10	24
Baberton Mains Way 14	E10	24
Baberton Mains Wood 14	E10	24
Baberton Mains Wynd 14	E11	24
Baberton Park 14	E11	24
Baberton Rd. 14	D10	23
Baberton Sq. 14	E11	24
Baberton Av.		
Backlee 16	N11	28
Back Dean 4	J6	16
Back Row 14	H9	25
Back Station Rd. 16	O8	18
Station Rd.		
Baileyfield Cres. 15	Q5	11
Baileyfield Rd. 15	P5	11
Bailie Gro. 15	Q7	19
Bailie Pl. 15	Q7	19
Bailie Ter. 15	Q7	19
Baird Av. 12	H7	15
Baird Dri. 12	H7	15
Baird Gdns. 12	H7	15
Baird Gro. 12	H7	15
Baird Ter. 12	H7	15
Baker's Pl. 3	K5	8
Kerr St.		
Balbirnie Pl. 12	J6	16
Balcarres Ct. 10	K9	26
Balcarres Pl. 21	U6	21
Balcarres Rd. 21	U6	21
Balcarres St. 10	K9	26
Balderston Gdns. 16	N9	28
Balerno-Harlaw Rd. 14	B13	32
Balfour Pl. 6	M4	9
Balfour St. 6	M4	9
Balfron Loan 4	E5	6
Balgreen Av. 12	G7	15
Balgreen Gdns. 12	G7	15
Balgreen Park 12	G7	15
Balgreen Rd. 11	G7	15
Ballantyne Lane 6	M3	9
Ballantyne Rd.		
Ballantyne Pl. 6	M3	9
Ballantyne Rd.		
Ballantyne Rd. 6	M3	9
Balmoral Pl. 3	K5	8
Balmwell Av. 16	N11	28
Balmwell Gro. 16	N11	28
Balmwell Park 16	N11	28
Balmwell Ter. 16	N11	28
Baltic St. 6	N3	10
Bangholm Av. 5	K3	8
Bangholm Bower Av. 5	K3	8
Bangholm Loan 5	L3	9
Bangholm Park 5	K3	8
Bangholm Pl. 5	K3	8
Bangholm Rd. 5	K3	8
Bangholm Ter. 3	K4	8
Bangholm View 5	L3	9
Bangholm Villas 5	L3	9
Ferry Rd.		
Bangor La. 6	M3	9
Bangor Rd. 6	M3	9
Bankfield 16	Q8	19
Bankhead Av. 11	E8	14
Bankhead Broadway 11	D8	13
Bankhead Crossway Nth. 11	D8	13
Bankhead Crossway Sth. 11	D9	23
Bankhead Dri. 11	D8	13
Bankhead Medway 11	E8	14
Bankhead Pl. 11	E8	14
Bankhead St. 11	E9	24
Bankhead Ter. 11	D9	23
Bankhead Way 11	D9	23
Bank St. 1	L6	17
Barclay Pl. 10	K7	16
Bruntsfield Pl.		
Barclay Ter. 10	K7	16
Barleyknowe Cres. 23	U17	45
Barleyknowe La. 23	U17	45
Barleyknowe Rd. 23	U17	45
Barleyknowe St. 23	U17	45
Barleyknowe Ter. 23	U17	45
Barnballoch Ct. 12	D6	13
Craigievar Wynd		
Barnbougle Ride S. Q.	B2	4
Barnshot Rd. 13	G11	25
Barnton Av. 4	E4	6
Barnton Av. East 4	F4	6
Barnton Av. South 4	F4	6
Barnton Av. West 4	D4	5
Barnton Brae 4	D4	5
Barnton Ct. 4	D4	5
Barnton Gdns. 4	F4	6
Barntongate Av. 4	D5	5
Barntongate Dri. 4	D5	5
Barntongate Ter. 12	D5	5
Barnton Gro. 4	D4	5
Barnton Loan 4	F4	6
Barnton Park 4	F4	6
Barnton Park Av. 4	E4	6
Barnton Park Cres. 4	E4	6
Barnton Pk. Dell 4	E4	6
Barnton Park Dri. 4	E4	6
Barnton Park Gdns. 4	E4	6
Barnton Park Gro. 4	E4	6
Barnton Park Vw. 4	D4	5
Barnton Park Wood 4	E5	6
Baronscourt Rd. 8	O5	10
Baronscourt Ter. 8	O6	18
Barony Pl. 3	L5	9
Barony St. 3	L5	9
Barony Ter. 12	E6	14
Barony Ter. West 12	E6	14
Bathfield 6	M3	9
Bathfield Rd. 6	M3	9
Bath Pl. 15	Q5	11
Bath St.		
Bath Rd. 6	N3	10
Bath St. La. 15	Q6	19
Bath St. 15	Q6	19
Bavelaw Rd. 14	B13	32
Baxter's Blds. 8	M6	17
Holyrood Rd.		
Baxter's Pl. 1	M5	9
Leith Walk		
Beach La. 15	Q6	19
Beach La. 21	T6	21
Beauchamp Gro. 16	N10	28
Beauchamp Rd.		
Beauchamp Rd. 16	N10	28
Beaufort Rd. 9	L8	17
Beaumont Pl. 8	M7	17
Beaverbank Pl. 7	L4	9
Beaverhall Rd. 7	L4	9
Bedford Ct. 4	K5	8
Bedford St. 4	K5	8
Bedford Ter. 15	R6	20
Beeches, The, 22	T14	41
Beech Gro. Av. 22	R13	40
Beechgrove Rd. 22	U15	45
Beech Loan 19	Q15	43
Beechmount Cres. 12	G6	15
Beechwood Mains 12	G6	15
Beechwood Park 22	T15	45
Beechwood Ter. 6	N4	10
Belfield Av. 21	T7	21
Belford Av. 4	J5	8
Belford Bridge 4	J6	16
Belford Rd.		
Belford Gdns. 4	J5	8
Belford Mews 4	J6	16
Belford Park 4	J6	16
Belford Pl. 4	J6	16
Belford Rd. 4	J6	16
Belford Ter. 4	J6	16
Belford Rd.		
Belgrave Cres. 4	J5	8
Belgrave Cres. La. 4	K5	8
Belgrave Gdns. 12	F6	14
Belgrave Mews 4	J5	8
Belgrave Pl. 4	J5	8
Belgrave Rd. 12	F6	14
Belgrave Ter. 12	F7	14
Belhaven Pl. 10	K9	26
Belhaven Ter. 10	K9	26
Bellenden Gdns. 16	O9	28
Bellevue 7	L5	9
Bellevue Cres. 3	L5	9
Bellevue Gdns. 7	L4	9
Bellevue Lane 7	L5	9
Bellevue Gro. 7	L5	9
Bellevue Pl. 7	L5	9
Bellevue Rd. 7	L5	9
Bellevue St. 7	L5	9
Bellevue Ter. 7	L5	9
Bellfield Ct. 21	T7	21
Bellfield La. 15	Q6	19
Bellfield St. 15	Q6	19
Bellfield Ter. 15	Q6	19
Bellfield View 19	R14	40
Bell Pl. 3	K5	8
Bell's Brae 4	K6	16
Bell's Wynd 1	L6	17
High St.		
Belmont Av. 12	G6	15
Belmont Cres. 12	G6	15
Belmont Gdns. 12	G6	15
Belmont Park 12	G6	15
Belmont Rd. 14	E11	24
Belmont Ter. 12	G6	15
Belmont View 12	G6	15
Belvedere Pk. 6	L3	9
Beresford Av. 5	L3	9
Beresford Gdns. 5	L3	9
Beresford Pl. 5	K3	8
Beresford Ter. 5	L3	9
Trinity Rd.		
Bernard St. 6	N3	10
Bernard Ter. 8	M7	17
Big Brae 18	Q13	39
Biggar Rd. 10	K14	36
Bingham Av. 15	P7	19
Bingham Broadway 15	P7	19
Bingham Cres. 15	Q7	19
Bingham Crossway 15	Q7	19
Bingham Dri. 15	P7	19
Bingham Medway 15	P7	19
Bingham Pl. 15	P7	19
Bingham St. 15	P7	19
Bingham Way 15	P7	19
Birch Ct. 4	D5	5
Birnies Ct. 4	G3	7
Blackbarony Rd. 16	N9	28
Blackchapel Rd. 15	Q8	19
Blackcot Av. 22	U15	45
Blackcot Dr. 22	U15	45
Blackcot Rd. 22	U15	45
Blacket Av. 9	M7	17
Blacket Pl. 9	M7	17
Blackford Av. 9	L8	17
Blackford Bank 9	M8	17
Blackford Glen. Cotts. 16	N9	28
Blackford Glen Rd. 16	M9	27
Blackford Hill Gro. 9	L9	27
Blackford Hill Rise 9	L9	27
Blackford Hill View 9	L9	27

Name	Grid	Pg	Name	Grid	Pg	Name	Grid	Pg
Blackford House 9	L8	17	Brae Park 4	D4	5	Broomhouse Park 11	E8	14
Blackford Rd. 9	L8	17	Braepark Rd. 4	C4	5	Broomhouse Path 11	E8	14
Blackfriars St. 1	M6	17	Braeside Rd. 20	O14	38	Broomhouse Pl. Nth. 11	E8	14
Blackie Rd. 6	N4	10	Braid Av. 10	K9	26	Broomhouse Pl. Sth. 11	F8	14
Blackthorn Ct. 4	D5	5	Braidburn Cres. 10	K9	26	Broomhouse Rd. 11	E7	14
Blackwood Cres. 9	M7	17	Braidburn Ter. 10	K9	26	Broomhouse Row 11	F8	14
Blaeberry Gdns. 4	D5	5	Braid Cres. 10	K9	26	Broomhouse Sq. 11	F8	14
Blair St. 1	L6	17	Braid Farm Rd. 10	K9	26	Broomhouse St. Nth. 11	E8	14
Blantyre Ter. 10	K8	16	Braid Hills Approach 10	K10	26	Broomhouse St. Sth. 11	F9	24
Bleachfield 7	L4	9	Braid Hills Av. 10	K9	26	Broomhouse Ter. 11	F8	14
Bonnyhaugh			Braid Hills Cres. 10	K10	26	Broomhouse Walk 11	F8	14
Blenheim Pl. 7	M5	9	Braid Hills Dri. 16	L9	27	Broomhouse Way 11	F8	14
Blinkbonny Av. 4	H5	7	Braid Hills Rd. 10	K10	26	Broomhouse Wynd 11	F8	14
Blinkbonny Gdns. 4	H5	7	Braid Mount 10	K10	26	Broomieknowe 18	Q14	39
Blinkbonny Gro. 4	H5	7	Braid Mount Crest 10	K10	26	Broomieknowe Gdns. 19	Q14	39
Blinkbonny Gro. West 4	H5	7	Braid Mt. Rise 10	K10	26	Broomieknowe Pk. 19	Q14	39
Blinkbonny Rd. 4	H6	15	Braid Mt. View 10	K10	26	Broomlea Cres. 12	E7	14
Blinkbonny Rd. 14	D12	33	Braid Rd. 10	K9	26	Broompark Rd. 12	F7	14
Blinkbonny Ter. 4	H5	7	Bramble Dri. 4	D5	5	Broomside Ter. 12	F7	14
Boat Grn. 7	L4	9	Bram Dean Gro. 10	K10	26	Broomyknowe 13	G10	25
Boghall 10	K14	36	Bram Dean Pl. 10	K10	26	Brougham Pl. 3	L7	17
Bogsmill Rd. 14	G9	25	Bram Dean Rise 10	K10	26	Brougham St. 3	K7	16
Bogwood Rd. 22	U14	41	Bram Dean View 10	K10	26	Broughton Market 3	L5	9
Bogwood Rd. 22	U15	45	Brand Dri. 15	Q7	19	Broughton Pl. 1	L5	9
Bonaly Av. 13	G11	25	Brandfield St. 3	K7	16	Broughton Pl. East 1	L5	9
Bonaly Brae 13	G11	25	Brand Gdns. 15	Q6	19	*Broughton Pl.*		
Bonaly Cres. 13	G11	25	Brandon St. 3	L5	9	Broughton Rd. 7	L4	9
Bonaly Dri. 13	G11	25	Brandon Ter. 3	L5	9	Broughton St. La. 1	L5	9
Bonaly Gdns. 13	G11	25	Brand Pl. 8	M5	9	Broughton St. 1	L5	9
Bonaly Gro. 13	G11	25	*Abbeyhill*			Brown's Clo. 8	M6	17
Bonaly Pk. 13	G11	25	Breadalbane St. 6	M4	9	Brown's Pl. 1	L6	17
Bonaly Rd. 13	G11	25	Breadalbane Ter. 11	K6	16	*Vennel*		
Bonaly Steading 13	G11	25	*Dalry Pl.*			Brown St. 8	M6	17
Bonaly Ter. 13	G11	25	Bread St. 3	K6	16	Brucefield Pl. 17	P11	29
Bonar Pl. 6	L3	9	Brewery La. 6	M3	9	*Main St.*		
Ferry Rd.			*Gt. Junction St.*			Bruce Gdns. 22	T13	41
Bonnington Av. 6	L3	9	Briarbank Ter. 11	J8	16	Bruce St. 10	K9	26
Bonnington Gro. 6	L3	9	Brickfield 15	Q5	19	Brunstane Bank 15	R7	20
Bonnington Rd. 6	M4	9	*Pipe St.*			Brunstane Cres. 15	R7	20
Bonnington Rd. La. 6	M4	9	Brickwork Clo. 6	M3	9	Brunstane Dri. 15	R7	20
Bonnington Ter. 6	L3	9	*Giles St.*			Brunstane Gdns. 15	R6	20
Bonnyhaugh 7	L4	9	Bridge Pl. 4	K5	8	Brunstane Gdns. Mews 15	R6	20
Bonnyhaugh La. 6	L4	9	*Glenogle Rd.*			Brunstane Rd. 15	R6	20
Bonnyrigg Rd.	S13	40	Bridge Rd. 13	G11	25	Brunstane Rd. Nth. 15	R6	20
Boothacre Cotts. 6	O4	10	Bridge Rd. 14	B13	32	Brunstane Rd. Sth. 15	R7	20
Seafield			Bridge St. La. 15	Q5	11	Brunswick Pl. 7	M5	9
Boroughloch Blds. 8	M7	17	Bridge St. 15	Q5	11	Brunswick Rd. 7	M5	9
Boroughloch Sq.			Bridge St. 21	U7	21	Brunswick St. 7	M5	9
Boroughloch La. 8	M7	17	Brighton Pl. 15	Q6	19	Brunton Gdns. 7	M5	9
Boroughloch Sq. 8	M7	17	Brighton St. 1	L6	17	*Montgomery St.*		
Boroughloch La.			Brighton Ter. 15	R6	20	Brunton Pl. 7	M5	9
Borthwick Clo. 1	L6	17	*Coillesdene Dri.*			Brunton Ter. 7	M5	9
High St.			Bright's Cres. 9	M8	17	Bruntsfield Av. 10	K7	16
Borthwick Pl. 12	J6	16	Bright Ter. 11	K6	16	Bruntsfield Cres. 10	K7	16
Boswall Av. 5	J3	8	*Dalry Pl.*			Bruntsfield Gdns. 10	K7	16
Boswall Cres. 5	J3	8	Bristo Pl. 1	L6	17	Bruntsfield Pl. 10	K7	16
Boswall Dri. 5	J3	8	Bristo Port 1	L6	17	Bruntsfield Ter. 10	K7	16
Boswall Gdns. 5	J3	8	Britwell Cres. 7	O5	10	Bryans Av. 22	T15	45
Boswall Grn. 5	K3	8	Broadhurst Rd. 22	U14	41	Bryans Rd. 22	T15	45
Boswall Gro. 5	J3	8	Broad Wynd 6	N3	10	Bryce Av. 7	P5	11
Boswall Loan 5	J3	8	Broombank Ter. 12	E8	14	Bryce Cres. 14	D11	23
Boswall Parkway 5	J3	8	Broomburn Gro. 12	F8	14	Bryce Gdns. 14	D11	23
Boswall Pl. 5	J3	8	Broomfield Cres. 12	F8	14	Bryce Gro. 7	P5	11
Boswall Quadrant 5	J3	8	Broomfield House 11	E9	24	Bryce Pl. 14	D11	23
Boswall Rd. 5	K3	8	Broomhall Av. 12	E8	14	Bryce Rd. 14	D11	23
Boswall Sq. 5	J3	8	Broomhall Bank 12	E7	14	Bryson Rd. 11	J7	16
Boswall Ter. 5	J3	8	Broomhall Cres. 12	E7	14	Buccleuch Pl. 8	L7	17
Bothwell St. 7	N5	10	Broomhall Dri. 12	E7	14	Buccleuch St. 22	T12	41
Boundary Rd. 14	C10	23	Broomhall Gdns. 12	E7	14	Buccleuch Ter. 8	M7	17
Bowhill Ter. 4	K4	8	Broomhall Loan 12	E7	14	Buchanan St. 6	M4	9
Ferry Rd.			Broomhall Park 12	E7	14	Buckingham Ter. 4	J5	8
Bowie's Clo. 6	N3	10	Broomhall Pl. 12	E7	14	Buckstone Av. 10	K11	26
Queen St.			Broomhall Rd. 12	E7	14	Buckstone Bank 10	K10	26
Bowling Green St. 6	M3	9	Broomhall Ter. 12	E7	14	Buckstone Circle Sth. 10	L11	27
Bowling Green St. West 6	M3	9	Broomhouse Av. 11	E8	14	Buckstone Clo. 10	L11	27
Bowling Green St.			Broomhouse Bank 11	F8	14	Buckstone Ct. 10	K11	26
Boyd's Entry 8	M6	17	Broomhouse Cottages 11	F8	14	Buckstone Cres. 10	K10	26
St. Mary's St.			Broomhouse Cottages East 11	F8	14	Buckstonecrook 10	L11	27
Braefoot Ter. 16	N9	28	Broomhouse Cottages West 11	E8	14	Buckstone Dell 10	K10	26
Braehead Cres. 4	D4	5	Broomhouse Ct. 11	F8	14	Buckstone Dri. 10	K10	26
Braehead Av.			Broomhouse Cres. 11	F8	14	Buckstone Gdns. 10	K11	26
Braehead Av. 4	D4	5	Broomhouse Dri. 11	E8	14	Buckstone Grn. 10	K11	26
Braehead Bank 4	D4	5	Broomhouse Gdns. 11	E8	14	Buckstone Gro. 10	K10	26
Braehead Gro. 4	D4	5	Broomhouse Gdns. East 11	F8	14	Buckstonehead 10	L11	27
Braehead Dri. 4	D4	5	Broomhouse Gdns. West 11			Buckstone Hill 10	K10	26
Braehead Loan 4	D4	5		E8	14	Buckstone Howe 10	L11	27
Braehead Rd. 4	D4	5	Broomhouse Gro. 11	F8	14	Buckstone Lea 10	L11	27
Braehead Pk. 4	D5	5	Broomhouse Loan 11	F8	14	Buckstone Loan 10	K11	26
Braehead Row 4	D4	5	Broomhouse Medway 11	F8	14	Buckstone Loan East 10	L11	27
Braehead Av.						Buckstone Park 10	K10	26
Braehead View 4	D4	5						

Street	Grid	Pg	Street	Grid	Pg	Street	Grid	Pg
Buckstone Pl. 10	K11	26	Cameron Cres. 16	N8	18	Castle Esplanade 1	L6	17
Buckstone Rise 10	K11	26	Cameron Cres. 24	P15	43	Castlehill 1	L6	17
Buckstone Rd. 10	K11	26	Cameron House Av. 16	N8	18	Castlelaw Rd. 13	G11	25
Buckstone Row 10	K10	26	Cameron Park 16	N8	18	Castle St. 2	K6	16
Buckstoneside 10	L11	27	Cameron Small Rd. 14	C10	23	Castle Ter. 1	K6	16
Buckstone Shaw 10	L11	27	Cameron Ter. 16	N8	18	Castleview House 17	O10	28
Buckstone Ter. 10	K11	26	Cameron Toll Gdns. 16	N8	18	Castle Wynd Nth. 1	L6	17
Buckstone View 10	K10	26	Cammo Bank 4	D5	5	*Johnston Ter.*		
Buckstone Way 10	K10	26	Cammo Brae 4	D5	5	Castle Wynd Sth. 1	L6	17
Buckstone Wood 10	K11	26	Cammo Cres. 4	D5	5	*Johnston Ter.*		
Buckstone Wynd 10	L11	27	Cammo Gdns. 4	D5	5	Cast, The,	P15	43
Bughtlin Dr. 4	D6	13	Cammo Gro. 4	C5	5	Cathcart Pl. 11	J7	16
Bughtlin Gdns. 4	D6	13	Cammo Hill 4	C5	5	Cathedral La. 1	L5	9
Bughtlin Grn. 4	D6	13	Cammo Parkway 4	D5	5	Cauldcoats Rd. 22	Q9	29
Bughtlin Loan 4	D6	13	Cammo Pl. 4	D5	5	Causewayside 9	M7	17
Bughtlin Pk. 12	D6	13	Cammo Rd. 4	C5	5	Causeway, The, 15	O7	18
Bughtlin Pl. 4	D6	13	Cammo Walk 12	C5	5	Cedars, The, 13	G10	25
Buller Cres. 20	O14	38	Campbell Av. 12	H6	15	Cemetery Rd. 22	S13	40
Burdiehouse Av. 17	N12	38	Campbell Park Cres. 13	F11	24	Chalmer's Blds. 3	K7	16
Burdiehouse Cres. 17	N12	38	Campbell Park Dri. 13	F11	24	*Fountainbridge*		
Burdiehouse Crossway 17	N12	38	Campbell Rd. 12	H6	15	Chalmer's Clo. 1	M6	17
Burdiehouse Dri. 17	N12	38	Campbell's Clo. 8	M6	17	Chalmer's Cres. 9	L7	17
Burdiehouse Loan 17	N12	38	Campie Gdns. 21	T7	21	Chalmers St. 3	L7	17
Burdiehouse Medway 17	N12	38	Campie Rd. 21	T7	21	Chamberlain Rd. 10	K8	16
Burdiehouse Pl. 17	N12	38	Campview 22	Q10	29	Chambers St. 1	L6	17
Burdiehouse Rd. 17	N12	38	Campview Cres. 22	Q10	29	Chancelot Cres. 6	L3	9
Burdiehouse Sq. 17	N12	38	Campview Gdns. 22	Q10	29	*Ferry Rd.*		
Burdiehouse St. 17	N12	38	Campview Gro. 22	R10	30	Chancelot Gro. 5	L3	9
Burdiehouse Ter. 17	N12	38	Campview Rd. 19	Q14	39	Chancelot Ter. 6	L3	9
Burgess St. 6	N3	10	Campview Ter. 22	Q10	29	Chapel La. 6	N3	10
Burgess Ter. 9	N8	18	Campwood View 22	U15	45	Chapel Loan 25	N16	42
Burghlee Cres. 20	N14	38	Camus Av. 10	K11	26	Chapel St. 8	M7	17
Burghlee Ter. 20	N14	38	Cambusnethan St. 7	N5	10	Charlesfield 8	L6	17
Burlington St. 6	M3	9	Camus Pk. 10	K11	26	*Bristo Sq.*		
Burnbrae 12	D6	13	Canaan La. 10	K8	16	Charles St. La. 8	L6	17
Burndene Dri. 20	M13	37	Candlemaker Row 1	L6	17	Charles St. 8	L6	17
Burnhead Cres. 16	N11	28	Canning St. La. 3	K6	16	*George Sq.*		
Burnhead Gro. 16	N11	28	Canning St. 3	K6	16	Charlotte La. 2	K6	16
Burnhead Loan 16	N11	28	Cannon La. 3	L5	9	Charlotte Sq. 2	K6	16
Burnhead Path East 16	N11	28	Cannon Wynd 6	M3	9	Charlton Ter. La. 7	M5	9
Burnhead Path West 16	N11	28	*Lyndsay St.*			Charterhall Gro. 9	L8	17
Burnside 12	D6	13	Canongate 8	M6	17	Charterhall Rd. 9	L9	27
Burnside Cres. 22	U14	41	Canonmills 3	L4	9	Cherry Rd. 19	Q15	43
Burnside Pk. 14	B13	32	Canon St. 3	L5	9	Cherry Tree Av. 14	C12	33
Burnside Rd. 23	U17	45	Capelaw Ct. 13	J10	26	Cherry Tree Cres. 14	C12	33
Burns St. 6	N4	10	Capelaw Rd. 13	G11	25	Cherry Tree Gdns. 14	B12	32
Bush St. 21	T7	21	Captain's Dri. 16	N11	28	Cherry Tree Gro. 14	B12	32
Bush Ter. 21	T7	21	Captain's Rd. 17	N11	28	Cherry Tree Loan 14	C12	33
Cables Wynd 6	M3	9	Captain's Row 16	N11	28	Cherry Tree Park 14	B12	32
Cables Wynd Ho. 6	M3	9	Carberry Pl. 12	J6	16	Cherry Tree View 14	C12	33
Caddell's Row 4	D3	5	Carberry Rd. 21	U8	21	Chesser Av. 14	G8	15
Cadiz St. 6	N3	10	Carfrae Gdns. 4	G5	7	Chesser Cres. 14	H8	15
Cadogan Rd. 16	N10	28	Carfrae Gro. 4	G5	7	Chesser Gdns. 14	G8	15
Cadzow Pl. 7	N5	10	Carfrae Park 4	G5	7	Chesser Gro. 14	G8	15
Caerketton Cotts. 14	J10	26	Carfrae Rd. 4	G5	7	Chesser Loan 14	G8	15
Caerketton Ct. 13	J10	26	Cargil Ct. 5	K3	8	Chessels Ct.	M6	17
Caerlaverock Ct. 12	D6	13	Cargil Ter. 5	K3	8	Chester Dr. 22	U15	45
(Craigievar Wynd)			Carlowrie Pl. 23	U17	45	Chester St. 3	K6	16
Caird's Row 21	T6	21	Carlton St. 4	K5	8	Chestnut Gro. 19	Q15	43
Cairngorm House 6	M3	9	Carlton Ter. 7	M5	9	*West Harbour Road*		
Cairnie-Whitehill Rd. 15	R8	20	Carlyle Pl. 7	N5	10	Cheyne St. 4	K5	8
Cairnmuir Rd. 12	F6	14	Carlyle Pl. 21	U7	21	Christian Cres. 15	Q6	19
Cairns Dri. 14	A14	32	Carnegie Ct. 8	M6	17	Christian Gro. 5	Q6	19
Cairns Gdns. 14	A14	32	Carnegie St. 8	M6	17	Christian Path 15	Q6	19
Caiyside 10	K12	26	Carnethie St. 24	O17	42	Christiemiller Av. 7	P5	11
West Harbour Road			Carnethy Av. 13	G11	25	Christiemiller Gro. 7	P5	11
Caiystane Av. 10	K11	26	Caroline Gdns. 12	F6	14	Christiemiller St. 7	P5	11
Caiystane Cres. 10	K11	26	Caroline Park Gdns. 5	H3	7	Church Hill 10	K8	16
Caiystane Dri. 10	J11	26	Caroline Pl. 12	F6	14	Church Hill Pl. 10	K8	16
Caiystane Gdns. 10	J11	26	Caroline Ter. 12	E6	14	Church La. 21	U7	21
Caiystane Hill 10	K11	26	Carpet La. 6	N3	10	Church Rd. 18	P13	39
Caiystane Ter. 10	J11	26	Carrick Cres. 22	U14	41	Circle, The, 22	Q10	29
Caiystane View 10	K11	26	Carrick Knowe Av. 12	F7	14	Circus Gdns. 3	K5	8
Calder Ct. 11	E9	24	Carrick Knowe Dri. 12	F7	14	Circus La. 3	K5	8
Calder Cres. 11	D9	23	Carrick Knowe Gdns. 12	F7	14	Citadel Pl. 6	M3	9
Calder Dri. 11	E9	24	Carrick Knowe Gro. 12	F7	14	Clackmae Gro. 16	M10	27
Calder Gdns. 11	E9	24	Carrick Knowe Hill 12	F7	14	Clackmae Rd. 16	M10	27
Calder Gro. 11	E9	24	Carrick Knowe Loan 12	F7	14	Clapperton Pl. 7	N5	10
Calder Pl. 11	E9	24	Carrick Knowe Parkway 12	F7	14	*Lr. London Rd.*		
Calder Rd. 11	D9	23	Carrick Knowe Pl. 22	F7	14	Clarebank Cres. 6	N4	10
Calder Rd. Gdns. 11	G8	15	Carrick Knowe Rd. 12	F8	14	Claremont Bank 7	L5	9
Calder View 11	D9	23	Carrick Knowe Ter. 12	F7	14	Claremont Cres. 7	L4	9
Caledonian Cres. 11	J7	16	Carrington Rd. 4	J5	8	Claremont Gdns. 6	N4	10
Caledonian Pl. 11	J7	16	Carrington-Temple Rd. 19	S15	44	Claremont Gro. 7	L4	9
Caledonian Rd. 11	K7	16	Carron Pl. 6	N3	10	Claremont Park 6	N4	10
Calton Hill 1	M5	9	Carrubber's Clo. 1	L6	17	Claremont Rd. 6	N4	10
Calton Rd. 8	M6	17	*High St.*			Clarence St. 3	K5	8
Cambridge Av. 6	M4	9	Casselbank St. 6	M4	9	Clarendon Cres. 4	K5	8
Cambridge Gdns. 6	M4	9	Cassel's La. 6	M4	9	Clarinda Gdns. 22	U13	41
Cambridge St. La. 1	K6	16	Castle Av. 12	E7	14	Clarinda Ter. 16	N9	28
Cambridge St. 1	K6	16				Clark Av. 5	L3	9

Name	Grid	No.
Clark Pl. 5	K3	8
Clark Rd. 5	K3	8
Claverhouse Dri. 16	N10	28
Clayhills Pk. 14	A13	32
Clearburn Cres. 16	N8	18
Clearburn Gdns. 16	N8	18
Clearburn Rd. 16	N8	18
Cleekim Dri. 15	Q8	19
Cleekim Rd. 15	Q7	19
Cleikiminfield 15	Q8	19
Cleikiminfield 15	Q8	19
Clerk St. 8	M7	17
Clerk St. 20	O14	38
Clermiston Av. 4	E5	6
Clermiston Cres. 4	E5	6
Clermiston Dr. 4	E5	6
Clermiston Gdns. 4	E5	6
Clermiston Green 4	E5	6
Clermiston Gro. 4	E5	6
Clermiston Hill 4	F5	6
Clermiston Loan 4	E5	6
Clermiston Medway 4	E5	6
Clermiston Park 4	E5	6
Clermiston Pl. 4	E5	6
Clermiston Rd. 12	F6	14
Clermiston Rd. Nth. 4	F5	6
Clermiston Ter. 12	F6	14
Clermiston View 4	F5	6
Clerwood Bank 12	E6	14
Clerwood Gdns. 12	E6	14
Clerwood Gro. 12	F6	14
Clerwood Loan 12	E6	14
Clerwood Park 12	E6	14
Clerwood Pl. 12	E6	14
Clerwood Row 12	E6	14
Clerwood Ter. 12	F6	14
Clerwood View 12	F6	14
Clerwood Way 12	E6	14
Clifton Sq. 15	Q6	19
Baileyfield Rd.		
Clifton Ter. 12	J6	16
Clifton Ter. 15	Q6	19
Baileyfield Rd.		
Clinton Rd. 9	K8	16
Clockmill La. 8	N5	10
Clovenstone Dri. 14	F10	24
Clovenstone Gdns. 14	F10	24
Clovenstone Pk. 14	F10	24
Clovenstone Rd. 14	F10	24
Cloverfoot Cotts. 16	Q9	29
Cluny Av. 10	K9	26
Cluny Dri. 10	K9	26
Cluny Gdns. 10	K9	26
Cluny Pl. 10	L8	17
Cluny Ter. 10	K9	26
Clyde St. 1	L5	9
Coal Hill 6	M3	9
Coates Cres. 3	K6	16
Coates Gdns. 12	J6	16
Coates Pl. 3	K6	16
W. Maitland St.		
Coatfield La. 6	N3	10
Cobbinshawe House 11	E9	24
Cobden Cres. 9	M8	17
Cobden Rd. 9	M8	17
Cobden Ter. 11	K6	16
Dalry Pl.		
Coburg St. 6	M3	9
Cochrane Pl. 6	N4	10
Cochran Pl. 7	L5	9
East London St.		
Cochran Ter. 7	L5	9
Cochrina Pl. 24	Q17	42
Cockburn Cres. 14	A13	32
Cockburn Rd. 14	A14	32
Cockburn St. 1	L6	17
Cockpen Rd. 12	R15	44
Coffin La. 11	J7	16
Coillesdene Av. 15	R6	20
Coillesdene Cres. 15	R6	20
Coillesdene Dri. 15	R6	20
Coillesdene Gdns. 15	R6	20
Coillesdene Grove 15	R6	20
Coillesdene House 15	R6	20
Coillesdene Loan 15	R6	20
Coillesdene Ter. 15	R6	20
Coingie Cl. 1	M6	17
Blackfriars St.		
Colinton Gro. 14	H9	25
Colinton Grove W. 14	H9	25
Colinton Mains Cres. 13	J11	26
Colinton Mains Dri. 13	H10	25
Colinton Mains Gdns. 13	H10	25
Colinton Mains Grn. 13	H10	25
Colinton Mains Gro. 13	J10	26
Colinton Mains Loan 13	H10	25
Colinton Mains Pl. 13	J10	26
Colinton Mains Rd. 13	H10	25
Colinton Mains Ter. 13	J10	26
Colinton Rd. 10	K8	16
Colinton Rd. 11	J8	16
Colinton Rd. 13	G10	25
Colinton Rd. 14	H10	25
College Wynd 1	L6	17
Cowgate		
Collins Pl. 3	K5	8
Coltbridge Av. 12	H6	15
Coltbridge Gdns. 12	J6	16
Coltbridge Ter. 12	H6	15
Coltbridge Vale 12	J6	16
Columba Av. 4	G5	7
Columba Rd. 4	G5	7
Colville Pl. 3	K5	8
Comely Bank 4	J5	8
Comely Bank Av. 4	K5	8
Comely Bank Gro. 4	J5	8
Comely Bank Pl. 4	K5	8
Comely Bank Pl. Mews 4	K5	8
Comely Bank Pl.		
Comely Bank Rd. 4	K5	8
Comely Bank Row 4	K5	8
Comely Bank St. 4	J5	8
Comely Bank Ter. 4	K5	8
Comely Grn. Cres. 7	N5	10
Comely Grn. Pl. 7	N5	10
Comiston Dri. 10	J9	26
Comiston Gdns. 10	K9	26
Comiston Pl. 10	N9	26
Comiston Rise 10	K10	26
Comiston Rd. 10	K10	26
Comiston Ter. 10	K9	26
Comiston View 10	K10	26
Commercial St. 6	M3	9
Conifer Rd. 22	U14	41
Connaught Pl. 6	L3	9
Considine Gdns. 8	O5	10
Considine Ter. 8	O5	10
Constitution Pl. 6	N3	10
Tower St. La.		
Constitution St. 6	N3	10
Cook Cres. 22	U15	45
Corbiehill Av. 4	G4	7
Corbiehill Cres. 4	F4	6
Corbiehill Gdns. 4	G4	7
Corbiehill Gro. 4	G4	7
Corbiehill Pl. 4	F4	6
Corbiehill Rd. 4	F4	6
Corbiehill Ter. 4	F4	6
Corbieshot 15	Q7	19
Corn Exchange Bldgs. 14	H8	15
New Market Rd.		
Cornhill Ter. 6	N4	10
Cornwallis Pl. 3	L5	9
Bellevue Cres.		
Cornwall St. 1	K6	16
Coronation Wk. 3	L7	17
Corrennie Dri. 10	K9	26
Corrennie Gdns. 10	K9	26
Corslet Cres. 14	D11	23
Corslet Pl. 14	D11	23
Corslet Rd. 14	D11	23
Corstorphine Bank Av. 12	E6	14
Corstorphine Bank Cotts. 12	E6	14
Corstorphine Bank Dri. 12	E6	14
Corstorphine Bank Ter. 12	E6	14
Corstorphine High St. 12	E7	14
Corstorphine Hill Av. 12	F6	14
Corstorphine Hill Cres. 12	F6	14
Corstorphine Hill Gdns. 12	F6	14
Corstorphine Hill Rd. 12	F6	14
Corstorphine House Av. 12	F7	14
Corstorphine House Ter. 12	F7	14
Corstorphine Park Gdns. 12	F7	14
Corstorphine Rd. 12	F7	14
Cortleferry Dr. 22	S13	40
Cortleferry Gro. 22	S13	40
Cortleferry Park 22	S13	40
Cortleferry Ter. 22	S13	40
Corunna Pl. 6	M3	9
Cottage Grn. 4	D4	5
Cottage Park 4	G5	7
Couper St. 6	M3	9
Cowan Rd. 11	J8	16
Cowan's Clo. 8	M7	17
Cowden Cres. 22	U12	41
Cowden Pk. 22	U12	41
Cowden Ter. 22	U12	41
Cowgate 1	L6	17
Cowgatehead 1	L6	17
Coxfield 14	H7	15
Craigcrook Av. 4	F5	6
Craigcrook Gro. 4	G5	7
Craigcrook Park 4	G5	7
Craigcrook Pl. 4	G5	7
Craigcrook Av.		
Craigcrook Rd. 4	F4	6
Craigcrook Sq. 4	G5	7
Craigend 16	O9	28
Craigentinny Av. 7	P5	11
Craigentinny Av. Nth. 6	O4	10
Craigentinny Cres. 7	P5	11
Craigentinny Gro. 7	P5	11
Craigentinny Pl. 7	P5	11
Craigentinny Rd. 7	O5	10
Craighall Av. 6	L3	9
Craighall Bank 6	L3	9
Craighall Av.		
Craighall Cres. 6	L3	9
Craighall Gdns. 6	L3	9
Craighall Gdns. 10	L9	26
Craighall Rd. 6	L3	9
Craighall Ter. 6	L3	9
Craighouse Av. 10	J9	26
Craighouse Ct. 10	J9	26
Craighouse Gdns. 10	J9	26
Craighouse Park 10	J9	26
Craighouse Rd. 10	J9	26
Craighouse Ter. 10	J9	26
Craigievar Ct. 12	D6	13
Craigievar Wynd		
Craigievar Sq. 12	D6	5
Craigievar Wynd 12	D6	13
Craiglea Dri. 10	J9	26
Craiglea Pl. 10	J9	26
Craigleith Av. Nth. 4	H6	15
Craigleith Av. Sth. 4	H6	15
Craigleith Bank 4	H5	7
Craigleith Cres. 4	H5	7
Craigleith Dri. 4	H5	7
Craigleith Gdns. 4	H5	7
Craigleith Gro. 4	H5	7
Craigleith Hill 4	H5	7
Craigleith Hill Av. 4	H5	7
Craigleith Hill Cres. 4	H5	7
Craigleith Hill Gdns. 4	H5	7
Craigleith Hill Grn. 4	H5	7
Craigleith Hill Gro. 4	H5	7
Craigleith Hill Loan 4	H5	7
Craigleith Hill Pk. 4	H5	7
Craigleith Hill Row 4	H5	7
Craigleith House 4	H5	7
Craigleith Rise 4	H6	15
Craigleith Rd. 4	H5	7
Craigleith View 4	H6	15
Craiglockhart Av. 14	H9	25
Craiglockhart Bank 14	H9	25
Craiglockhart Cres. 14	H9	25
Craiglockhart Dell Rd. 14	H9	25
Craiglockhart Dri. Nth. 14	H9	25
Craiglockhart Dri. Sth. 14	H9	25
Craiglockhart Gdns. 14	H9	25
Craiglockhart Gro. 14	H10	25
Craiglockhart Loan 14	H9	25
Craiglockhart Park 14	H9	25
Craiglockhart Pl. 14	H9	25
Craiglockhart Quadrant 14	H9	25
Craiglockhart Rd. 14	H10	25
Craiglockhart Rd. Nth. 14	H9	25
Craiglockhart Ter. 14	J8	16
Craiglockhart View 14	H9	25
Craigmillar Castle Av. 16	O8	18
Craigmillar Castle Gdns. 16	O8	18
Craigmillar Castle Gdns. Nth. 16		
Craigmillar Castle Gro. 16	O8	18
Craigmillar Castle Loan 16	P8	19
Craigmillar Castle Rd. 16	O8	18
Craigmillar Castle Ter. 16	P8	19
Craigmillar Castle Loan		

Name	Col	Pg
Craigmillar House 16	O8	18
Craigmillar Park 16	N8	18
Craigmount App. 12	E6	14
Craigmount Av. 12	E6	14
Craigmount Av. Nth. 4	D5	5
Craigmount Bk. West. 12	D5	5
Craigmount Bank Wk. 12	D5	5
Craigmount Brae 12	D6	13
Craigmount Ct. 4	D5	5
Craigmount Cres. 12	D6	13
Craigmount Dri. 12	D6	13
Craigmount Gdns. 12	D6	13
Craigmount Gro. 12	D6	13
Craigmount Hill 4	D5	5
Craigmount Loan 12	D6	13
Craigmount Park 12	D6	13
Craigmount Pl. 12	D6	13
Craigmount Ter. 12	D6	13
Craigmount View 12	D6	13
Craigmount Way 12	E5	6
Craigour Av. 17	P10	29
Craigour Brae 17	P9	29
Old Dalkeith Rd.		
Craigour Cres. 17	P10	29
Craigour Dri. 17	P10	29
Craigour Grn. 17	O10	28
Craigour Gro. 17	P10	29
Craigour Loan 17	P10	29
Craigour Pl. 17	O10	28
Craigour Ter. 17	P10	29
Craigs Av. 12	D7	13
Craigs Bank 12	D6	13
Craigs Cres. 12	D6	13
Craigs Dr. 12	D6	13
Craigs Gdns. 12	D6	13
Craigs Gro. 12	E7	14
Craigs Loan 12	E6	14
Craigs Park 12	D6	13
Craigs Rd. 12	D6	13
Cramond Av. 4	D3	5
Cramond Bank 4	D3	5
Cramond Cres. 4	D3	5
Cramond Gdns. 4	D3	5
Cramond Glebe Gdns. 4	E3	6
Cramond Glebe Rd. 4	D2	5
Cramond Glebe Ter. 4	D3	5
Cramond Glebe Rd.		
Cramond Grn. 4	D3	5
Cramond Gro. 4	D3	5
Cramond Park 4	D3	5
Cramond Pl. East 4	E3	6
Cramond Regis 4	D4	5
Cramond Rd. Nth. 4	E3	6
Cramond Rd. Sth. 4	E3	6
Cramond Ter. 4	D3	5
Cramond Vale 4	D3	5
Cranston St. 8	M6	17
Crarae Av. 4	H6	15
Crawfurd Rd. 16	N8	18
Crescent, The, 10	K9	26
Crescent, The, 11	H7	15
Gorgie Rd.		
Crescent, The, 23	T16	45
Crewe Bank 5	J3	8
Crewe Cres. 5	J3	8
Crewe Gro. 5	J3	8
Crewe Loan 5	H3	7
Crewe Path 5	H3	7
Crewe Pl. 5	H3	7
Crewe Rd. Gdns. 5	H3	7
Crewe Rd. Nth. 5	H3	7
Crewe Rd. Sth. 4	J4	8
Crewe Rd. West 5	H3	7
Crewe Ter. 5	H3	7
Crewe Toll 4	H4	7
Crichton St. 8	L6	17
Crighton Pl. 7	M4	9
Croall Pl. 7	M5	9
Croft-an-righ 8	M5	9
Croft St. 22	T12	41
Cromwell Pl. 6	M3	9
Commercial St.		
Crosswood Av. 14	A14	32
Crosswood Cres. 14	A14	32
Crown Pl. 6	M4	9
Crown St. 6	M4	9
Cuddy La. 10	K8	16
Morningside Pk.		
Cultins Rd. 11	D8	13
Cumberland St. 3	L5	9

Name	Col	Pg
Cumin Pl. 9	M8	17
Cumlodden Av. 12	H6	15
Cumnor Cres. 16	N9	28
Cunningham Pl. 6	M4	9
Jane St.		
Curriehill Castle Dr. 14	B12	32
Currievale Dr. 14	C12	33
Currievale Park 14	C12	33
Daisy Ter. 11	J8	16
Merchiston Gro.		
Dalgety Av. 7	N5	10
Dalgety Rd. 7	N5	10
Dalgety St. 7	N5	10
Dalhousie Av. 19	Q15	43
Dalhousie Av. West 19	Q15	43
Dalhousie Dri. 19	Q15	43
Dalhousie Gdns. 19	Q15	43
Dalhousie Pl. 19	Q15	43
Dalhousie Rd. 22	S13	40
Dalhousie Rd. East 19	Q15	43
Dalhousie Rd. West 19	Q15	43
Dalhousie Ter. 10	K9	26
Dalkeith Rd. 16	M7	17
Dalkeith St. 15	R6	20
Dalmahoy Cres. 14	A12	32
Dalmeny Rd. 6	L3	9
Dalmeny St. 6	M4	9
Dalrymple Cres. 9	M8	17
Dalrymple Cres. 21	T7	21
Dalrymple Loan 21	U7	21
Dalry Pl. 11	K6	16
Dalry Rd. 11	J7	16
Dalum Ct. 20	N14	38
Dalum Dri. 20	N14	38
Dalum Loan 20	N14	38
Dalziel Pl. 7	N5	10
London Rd.		
Dambrae 21	U7	21
Damside 4	J6	16
Danderhall Cres. 22	Q10	29
Danube St. 4	K5	8
Dark Walk 22	T12	41
Darling's Bldgs. 3	K5	8
Saunders St.		
Darnaway St. 3	K5	8
Darnell Rd. 5	K3	8
Davidson Gdns. 4	G4	7
Davidson Park 4	H4	7
Davidson Rd. 4	H4	7
Davie St. 8	M6	17
Dean Bank La. 3	K5	8
Dean Bank Ter. 3	K5	8
W. Claremont St.		
Deanhaugh St. 4	K5	8
Dean Park 15	T15	45
Deanpark Av. 14	A13	32
Deanpark Bank 14	B13	32
Deanpark Brae 14	B13	32
Deanpark Ct. 14	A14	32
Dean Park Cres. 4	K5	8
Deanpark Cres. 14	B13	32
Deanpark Gdns. 14	B13	32
Deanpark Gro. 14	B13	32
Dean Park Mews 4	K5	8
Deanpark Pl. 14	A13	32
Deanpark Pl. 14	B13	32
Dean Park St. 4	K5	8
Dean Path 4	J5	8
Dean St. 4	K5	8
Dean Ter. 4	K5	8
Dechmont Rd. 12	D7	13
Dell Rd. 13	G10	25
Delta Pl. 21	U8	21
Denham Green Av. 5	K3	8
Denham Green Pl. 5	K3	8
Denham Green Ter. 5	K3	8
De Quincey Path 18	P15	43
De Quincey Rd. 19	P15	43
Derby St. 6	L3	9
Devon Pl. 12	J6	16
Dewar La. 3	K6	16
Dewar Pl. 3	K6	16
Dick Pl. 9	L8	17
Dickson's Clo. 1	L6	17
High St.		
Dickson's Ct. 8	L6	17
Bristo St.		
Dickson St. 6	M4	9
Dinmont Dri. 16	N9	28
Distillery La. 11	K6	16
Dalry Rd.		

Name	Col	Pg
Dobbie's Rd. 19	Q14	39
Dochart Dri. 4	E5	6
Dock Pl. 6	M3	9
Dock St. 6	M3	9
Dolphin Av. 14	C12	33
Dolphin Gdns. East 14	C12	33
Dolphin Gdns. West 14	C12	33
Dolphin Rd. 14	C12	33
Dorset Pl. 11	K7	16
Double Dykes 21	U8	21
Double Hedges Park 16	N9	28
Double Hedges Rd. 16	N9	28
Dougall Ct. 22	U15	45
Dougall Pl. 22	U15	45
Douglas Cres. 12	J6	16
Douglas Cres.	Q14	39
Douglas Gdns. 4	J6	16
Douglas Gdns. Mews 4	J6	16
Belford Rd.		
Douglas Ter. 11	K6	16
Dalry Pl.		
Doune Ter. 3	K5	8
Dovecot Gro. 14	G9	25
Dovecot Loan 14	G9	25
Dovecot Park 14	G9	25
Dovecot Rd. 12	E7	14
Dowies Mill La. 4	C4	5
Downfield Pl. 11	J7	16
Downie Gro. 12	F7	14
Downie Pl. 21	U7	21
Downie Ter. 12	F7	14
Dreghorn Av. 13	J11	26
Dreghorn Dri. 13	J11	26
Dreghorn Gdns. 13	J11	26
Dreghorn Gro. 13	J11	26
Dreghorn Link 13	J11	26
Dreghorn Loan 13	G11	25
Dreghorn Mains 13	H12	35
Dreghorn Park 13	H11	25
Dreghorn Pl. 13	J11	26
Drum Av. 17	P11	29
Drum Brae Av. 12	E6	14
Drum Brae Cres. 4	E5	6
Drum Brae Dri. 4	E5	6
Drum Brae Gdns. 12	E6	14
Drum Brae Gro. 4	E5	6
Drum Brae Neuk 4	E6	14
Drum Brae Nth. 4	D5	5
Drum Brae Park 12	E6	14
Drum Brae Pk. App. 12	E6	14
Drum Brae Pl. 12	E6	14
Drum Brae Sth. 12	E6	14
Drum Brae Ter. 4	E5	6
Drum Cotts. 17	P11	29
Drum Cres. 17	P11	29
Drumdryan St. 3	K7	16
Drummond Pl. 3	L5	9
Drummond St. 8	M6	17
Drum Park Yard 7	N5	10
Albion Rd.		
Drum Pl. 17	P11	29
Drumsheugh Gdns. 3	K6	16
Dumsheugh Pl. 3	K6	16
Queensferry St.		
Drum St. 17	P11	29
Drum Ter. 7	N5	10
Drum View Av. 22	Q10	29
Dryden Av. 20	N14	38
Dryden Cres. 20	N14	38
Dryden Gdns. 7	M4	9
Dryden Pl. 9	M7	17
Dryden Pl. 7	M4	9
Dryden Ter. 7	M4	9
Dryden Ter. 20	N14	38
Dryden View 20	N14	38
Drylaw Av. 4	H5	7
Drylaw Cres. 4	G5	7
Drylaw Gdns. 4	G4	7
Drylaw Grn. 4	G5	7
Drylaw Gro. 4	G5	7
Drylaw House Gdns. 4	G4	7
Drylaw House Paddock 4	G4	7
Duart Cres. 4	E5	6
Dublin Meuse 3	L5	9
Dublin St. La. Nth. 3	L5	9
Dublin St.		
Dublin St. La. Sth. 3	L5	17
Dublin St.		
Dublin St. 3	L5	9
Duddingston Av. 15	P7	19

Duddingston Cres. 15	Q7	19
Duddingston Gdns. Nth. 15	P6	19
Duddingston Gdns. Sth. 15	P6	19
Duddingston Gro. East 15	P6	19
Duddingston Gro. West 15	P6	19
Duddingston Loan 15	P7	19
Duddingston Mains Cotts. 15	Q7	19
Duddingston Mills Cotts. 8	P6	19
Duddingston Park 15	Q6	19
Duddingston Park Sth. 15	Q7	19
Duddingston Rd. 15	P6	19
Duddingston Rd. West 15	O7	18
Duddingston Rd. West 16	Q8	18
Duddingston Row 15	P7	19
Duddingston Sq. East 15	P6	19
Duddingston Sq. West 15	P6	19
Duddingston Rise 15	P7	19
Duddingston Vw. 15	P7	19
Dudley Av. 6	L3	9
Dudley Av. Sth. 6	M3	9
Dudley Bank 6	L3	9
Dudley Cres. 6	L3	9
Dudley Gdns. 6	L3	9
Dudley Gro. 6	L3	9
Dudley Ter. 6	L3	9
Duff St. La. 11	J7	16
Duff St. 11	J7	16
Duke Pl. 6	N4	10
Duke St. La. 1	L5	9
Duke St. 6	N4	10
Duke St. 22	T12	41
Duke St. 24	O17	42
Duke's Walk 8	N5	10
Dumbiedykes Rd. 8	M6	17
Dumbryden 14	F9	24
Dumbryden Gdns		
Dumbryden Dri. 14	F9	24
Dumbryden Gdns. 14	F9	24
Dumbryden Gro. 14	F9	24
Dumbryden Rd. 14	F9	24
Dunbar Pl. 12	E7	14
Manse Rd.		
Dunbar St. 3	K7	16
Duncan Pl. 6	N4	10
Duncan St. 9	M8	17
Duncan's Gait 14	G9	25
Dundas Cres. 22	S13	40
Dundas Gro. 22	S13	40
Dundas Park 19	R14	40
Dundas Rd. Dal.	S13	40
Dundas St. 3	L5	9
Dundas St. 19	Q14	39
Dundee Pl. 11	K7	16
Dundee St. 11	J7	16
Dundee Ter. 11	J7	16
Dundonald St. 3	L5	9
Dundrennan Cotts. 16	O9	28
Dunedin St. 7	L4	9
Dunlop's Ct. 1	L6	17
Grassmarket		
Dunollie Ct. 12	D6	13
(Craigievar Wynd)		
Dunrobin Pl. 3	K5	8
Dunsmuir Ct. 12	E7	14
Dunsyre House 11	E9	24
Dunvegan Ct. 4	D4	5
Durar Dr. 4	E5	6
West Craigs		
Durham Av. 15	P6	19
Durham Bank 19	R15	44
Durham Dri. 15	Q7	19
Durham Gdns. Nth. 15	Q6	19
Durham Gdns. Sth. 15	Q7	19
Durham Gro. 15	Q6	19
Durham Gro. 19	Q15	43
Durham Pl. 19	R15	44
Durham Pl. East 15	Q6	19
Durham Pl. La. 15	Q6	19
Durham Pl. West 15	P7	19
Durham Rd. 15	Q6	19
Durham Rd. Sth. 15	Q7	19
Durham Sq. 15	Q6	19
Durham Ter. 15	P6	19
Durward Gro. 16	N9	28
Earl Grey St. 3	K6	16
Earl Haig Gdns. 5	K3	8
Earlston Pl. 7	N5	10
London Rd.		
East Adam St. 8	M6	17

East Barnton Gdns. 4	F4	6
East Brighton Cres. 15	Q6	19
East Broughton Pl. 1	L5	9
Broughton Pl.		
East Calystane Pl. 10	K11	26
East Calystane Rd. 10	K11	26
East Camus Pl. 10	K11	26
East Camus Rd. 10	K11	26
East Castle Rd. 10	K7	16
East Chamanyie 16	L8	17
East Clapperfield 16	N9	28
East Claremont St. 7	L5	9
East Ct. 4	H5	7
East Cromwell St. 6	M3	9
East Crosscauseway 8	M7	17
Easter Belmont Rd. 12	G6	15
Easter Currie Cres. 14	D11	23
Easter Currie Pl. 14	D11	23
Easter Currie Ter. 14	D12	33
Easter Drylaw Av. 4	H4	7
Easter Drylaw Bank 4	H4	7
Easter Drylaw Dri. 4	H4	7
Easter Drylaw Gdns. 4	H4	7
Easter Drylaw Gro. 4	H4	7
Easter Drylaw Loan 4	H4	7
Easter Drylaw Pl. 4	H4	7
Easter Drylaw View 4	H4	7
Easter Drylaw Way 4	H4	7
Easter Hailes Gate 14	G10	25
Easter Haugh 13	J10	26
Easter Hermitage 6	N4	10
Restalrig Rd.		
Easter Pk. Dri. 4	F4	6
Easter Rd. 6	M5	9
Easter Warriston 3	L4	9
East Farm of Gilmerton 17	P11	29
East Fettes Av. 4	J4	8
Eastfield 15	S6	20
Eastfield Gdns. 15	S6	20
Eastfield Pl. 15	S6	20
Eastfield Rd. 28	A7	12
East Hannahfield 14	A13	32
East Hermitage Pl. 6	N4	10
East Houses Rd. 22	U14	41
East London St. 7	L5	9
East Market St. 8	M6	17
East Mayfield 9	M8	17
East Montgomery Pl. 7	M5	9
East Newington Pl. 16	M7	17
East Norton Pl. 7	M5	9
London Rd.		
East Parkside 16	M7	17
Holyrood Park Rd.		
East Preston St. 8	M7	17
East Restalrig Ter. 6	N4	10
East St. James' St. 1	L5	9
Sth. St. James' St.		
East Savile Rd. 16	M8	17
East Silvermills La. 3	K5	8
East Suffolk Rd. 16	N8	18
East Trinity Rd. 5	K3	8
East Way, The, 8	P6	19
Eden La. 10	K8	16
Eden Ter. 10	K8	16
Morningside Rd.		
Edgefield Rd. 20	O14	38
Edina Pl. 7	N5	10
Edina St. 7	M5	9
Edinburgh-Carlisle Rd. 22	S14	40
Edinburgh-Peebles Rd. 10	L13	37
Edinburgh Rd. 21	T7	21
Edinburgh Rd. 22	S12	40
Edmonstone Av. 22	Q10	29
Edmonstone Dri. 22	Q10	29
Edmonstone Rd. 22	Q10	29
Edmonstone Ter. 22	Q10	29
Eglinton Cres. 12	J6	16
Eighth St. Dal.	T15	45
Eildon St. 3	L4	9
Eildon Ter. 3	K4	8
Elbe St. 6	N3	10
Elcho Ter. 15	R6	20
Elder St. 1	L5	9
Elder St. E. 1	L5	9
Eldindean Pl. 19	Q14	39
Eldindean Rd. 19	Q14	39
Eldindean Ter. Bonny.	Q14	39
Elgin Pl. 12	J6	16
Elgin St. Nth. 7	M5	9
Elgin St. Sth. 7	M5	9
Elgin Ter. 7	M5	9

Ellangowan Ter. 16	O9	28
Ellen's Glen Loan 17	O10	28
Ellen's Glen Rd. 17	O11	28
Ellersly Rd. 12	G6	15
Elliot Gdns. 14	H10	25
Elliot Park 14	H10	25
Elliot Pl. 14	H10	25
Elliot Rd. 14	H10	25
Elliot St. 7	M5	9
Elmfield Bank 22	T12	41
Newmills Rd.		
Elmfield Park 22	T12	41
Elmfield Rd. 22	T12	41
Elm Pl. 6	N4	10
Elm Pl. 22	U15	45
Elm Row 7	M5	9
Elm Row 18	Q13	39
Elmwood Ter. 6	N4	10
Eltringham Gdns. 14	H8	15
Eltringham Gro. 14	H8	15
Eltringham Ter. 14	H8	15
Engine Rd. 20	O14	38
Erskine Pl. 2	K6	16
Shandwick Pl.		
Eskbank Rd. 19	R14	40
Eskbank Rd. 22	S13	40
Eskbank Ter. 22	S13	40
Eskdale Ct. 19	Q14	39
Eskdale Dri. 19	Q14	39
Eskdale Ter. 19	Q14	39
Esk Pl. 22	S12	40
Eskside East 21	U7	21
Eskside West 21	U7	21
Eskview Av. 21	T7	21
Eskview Cres. 21	T7	21
Eskview Gro. 21	T7	21
Esk View Gro. 22	S12	40
Eskview Rd. 21	T7	21
Eskview Rd. 22	U15	45
Eskview Ter. 21	T7	21
Eskview Villas 22	S13	40
Esplanade Ter. 15	R6	20
Essendean Pl. 12	E5	6
Essendean Ter. 12	E5	6
Essex Brae 4	D4	5
Essex Park 4	D4	5
Essex Rd. 4	D4	5
Esslemont Rd. 16	M9	27
Ethel Ter. 10	K9	26
Eton Ter. 4	K5	8
Ettrickdale Pl. 3	K5	8
Ettrick Gro. 10	K7	16
Ettrick Rd. 10	J8	16
Evans Gdns. 19	R14	40
Eva Pl. 9	M9	27
Eyre Cres. 3	L5	9
Eyre Pl. 3	L5	9
Eyre Ter. 3	L5	9
Fair a far 4	D3	5
Fair a far 4	D3	5
Fair a far Row 4	D3	5
Fairford Gdns. 16	N9	28
Fairmile Av. 10	K11	26
Fairmilehead 10	K11	26
Fala Ct. 16	N11	28
Falcon Av. 10	K8	16
Falcon Ct. 10	K8	16
Falcon Gdns. 10	K8	16
Falcon Rd. 10	K8	16
Falcon Rd. West 10	K8	16
Falkland Gdns. 10	F5	6
Farm Av. 19	P15	43
Farrer Pl. 7	P5	11
Farrer Ter.		
Farrer Ter. 7	P5	11
Fauldburn 4	D5	5
Fauldburn Park 4	D5	5
Featherhall Av. 12	E7	14
Featherhall Cres. Nth. 12	E7	14
Featherhall Cres. Sth. 12	E7	14
Featherhall Gro. 12	E7	14
Featherhall Pl. 12	E7	14
Featherhall Rd. 12	E7	14
Featherhall Ter. 12	E7	14
Felton Grn. 21	U7	21
Ferniehall Av. 17	P11	29
Ferniehill Dri. 17	P11	29
Ferniehill Gdns. 17	P10	29
Ferniehill Gro. 17	P10	29
Ferniehill Pl. 17	P11	29
Ferniehill Rd. 17	P11	29

Ferniehill Sq. 17	P11	29	Fraser Cres. 5	K3	8	Glanville Pl. 3	K5	8
Ferniehill St. 17	P10	29	Fraser Gdns. 5	K3	8	*Kerr St.*		
Ferniehill Ter. 17	P11	29	Fraser Gro. 5	K3	8	Glasgow Rd. 12	D7	13
Ferniehill Way 17	P10	29	Fraser Homes 13	G10	25	Glasgow Rd. 28	A7	12
Fernielaw Av. 13	G11	25	Frederick St. 2	L5	9	Glebe Gdns. 12	F7	14
Fernielaw Gdns. 13	G11	25	Freer St. Ter. 3	K7	16	Glebe Gro. 12	E7	14
Fernieside Av. 17	P10	29	*Freer St.*			Glebe Pl. 12	E7	14
Fernieside Cres. 17	P10	29	Freer St. 3	K7	16	*High St.*		
Fernieside Dri. 17	P10	29	Frogston Av. 10	K11	26	Glebe Rd. 12	E7	14
Fernieside Gdns. 17	P10	29	Frogston Gdns. 10	K11	26	Glebe St. 22	T12	41
Fernieside Gro. 17	P10	29	Frogston Gro. 10	L11	27	Glebe Ter. 12	E7	14
Ferryfield 5	J3	8	Frogston Rd. East 17	M12	37	Glenallan Dri. 16	N9	28
Ferry Rd. 4	G4	7	Frogston Rd. West 10	K11	26	Glenalmond Ct. 11	E9	24
Ferry Rd. 6	L3	9	Frogston Ter. 10	K11	26	Glenbrook Rd. 14	A13	32
Ferry Rd. Av. 4	H4	7	Gabriel's Rd. 3	K5	8	Glencairn Cres. 12	J6	16
Ferry Rd. Dri. 4	H3	7	Galadale 22	T15	45	Glendevon Av. 12	G7	15
Ferry Rd. Gdns. 4	H4	7	Galadale Cres. 22	T15	45	Glendevon Gdns. 12	G7	15
Ferry Rd. Gro. 4	H4	7	Galadale Dri. 22	T15	45	Glendevon Gro. 12	G7	15
Ferry Rd. Pl. 4	H4	7	Gallolee, The 13	H11	25	Glendevon Park 12	G7	15
Festival Square 3	K6	16	Gamekeeper's Loan 4	D3	5	Glendevon Pl. 12	G7	15
Fettes Ri. 4	J4	8	Gamekeeper's Pk. 4	D3	5	Glendevon Rd. 12	G7	15
Fettes Row 3	L5	9	Gamekeeper's Rd. 4	D3	5	Glendevon Ter. 12	G7	15
Fidra Ct. 4	G3	7	Garden Ter. 4	F4	6	Glendinning Cres. 16	N10	28
Fifth St. 15	T15	45	Gardiner Gro. 4	G5	7	Glenesk Cres. 22	S13	40
Figgate Bank 15	Q5	11	Gardiner Pl. 22	T15	45	Glenfinlas St. 3	K6	16
Figgate Pl. 15	Q5	11	Gardiner Rd. 4	G5	7	Glengyle Ter. 3	K7	16
Figgate St. 15	Q5	11	Gardiner Ter. 4	G5	7	Glenisla Gdns. 9	L8	17
Fillyside Av. 7	P5	11	Gardner's Cres. 3	K6	16	Glenlee Av. 8	O6	18
Fillyside Rd. 7	P4	11	Gardner St. 7	N5	10	Glenlee Gdns. 8	O6	18
Fillyside Ter. 7	P4	11	*Lr. London Rd.*			Glenlockhart Bank 14	H9	25
Findhorn Pl. 9	M8	17	Garscube Ter. 12	H6	15	Glenlockhart Rd. 14	H9	25
Findlay Av. 7	O4	10	Garvald Ct. 17	N11	28	Glenlockhart Valley 14	H9	25
Findlay Cotts. 7	O4	10	Gayfield Pl. 7	M5	9	Glenogle House 4	K5	8
Findlay Gdns. 7	O4	10	Gayfield Pl. La. 1	M5	9	*Bell Pl.*		
Findlay Gro. 7	O4	10	Gayfield Sq. 1	M5	9	Glenogle Pl. 4	K5	8
Findlay Medway 7	O4	10	Gayfield St. 1	M5	9	*Bell Pl.*		
Fingal Pl. 9	L7	17	Gaynor Av. 20	N14	38	Glenogle Rd. 3	K5	8
Fingzies Pl. 6	N4	10	General's Entry 8	L6	17	Glenogle Ter. 4	K5	8
Finlaggan Ct. 12	D6	13	*Bristo St.*			*Bell Pl.*		
(Craigievar Wynd)			George Av. 20	N14	38	Glenorchy Pl. 1	M5	9
Firrhill Cres. 13	J10	26	George Cres. 20	N14	38	*Greenside Row*		
Firrhill Dri. 13	J10	26	George Dri. 20	N14	38	Glenorchy Ter. 9	M8	17
Firrhill Loan 13	J10	26	George Sq. 8	L7	17	Glen St. 3	L7	17
First Gate 14	C10	23	George Sq. La. 8	L7	17	Glenure Loan 4	E5	6
First St. 15	T16	45	George St. 2	K6	16	Glenvarloch Cres. 16	N10	28
Fisher's Wynd 21	T7	21	George Ter. 20	N14	38	Gloucester La. 3	K5	8
Fish Mkt. 6	L2	9	George IV Bridge 1	L6	17	Gloucester Pl. 3	K5	8
Fishmarket Sq. 6	L2	9	Gibb's Entry 8	M6	17	Gloucester Sq. 3	K5	8
Fishwives' Causeway 15	Q5	11	*Simon Sq.*			*Gloucester La.*		
Fleshmarket Clo. 1	L6	17	Gibraltar Ct. 22	T12	41	Gloucester St. 3	K5	8
High St.			Gibraltar Gdns. 22	T12	41	Goff Av. 7	P5	11
Forbes Rd. 10	K8	16	Gibraltar Rd. 22	T12	41	Gogarloch Rd. 12	D7	13
Forbes St. 8	M7	17	Gibraltar Ter. 22	T12	41	Gogar Station Rd. 12	C8	13
Ford's Rd. 11	G8	15	Gibson Dr. 22	U12	41	Goldenacre Ter. 3	K4	8
Forkenford 15	O7	18	Gibson St. 7	M4	9	Goldie Ter. 20	N14	38
Forres St. 3	K5	8	Gibson Ter. 11	K7	16	Golf Course Rd. 19	Q14	39
Forrester Park Av. 12	E8	14	Gifford Park 8	M7	17	Goose Green Av. 21	U6	21
Forrester Park Dri. 12	E8	14	Giles St. 6	M3	9	Goose Green Cres. 21	U6	21
Forrester Park Gdns. 12	E8	14	Gillespie Cres. 10	K7	16	Goose Green Pl. 21	U6	21
Forrester Park Grn. 12	E8	14	Gillespie Pl. 10	K7	16	Goose Green Rd. 21	U6	21
Forrester Park Gro. 12	E8	14	*Leven St.*			Gordon Av. 19	P15	43
Forrester Park Loan 12	E8	14	Gillespie Rd. 13	F11	24	Gordon Loan 12	F6	14
Forrester Rd. 12	E6	14	Gillespie St. 10	K7	16	Gordon Rd. 12	F6	14
Forrest Hill 1	L6	17	*Gilmore Pl.*			Gordon St. 6	N4	10
Forrest Rd. 1	L6	17	Gillsland Pk. 10	J8	16	Gordon St. 22	U14	41
Forteviot House 17	O10	28	Gillsland Rd. 10	J8	16	Gorton Ter. 16	N9	28
Fort Ho. 6	M3	9	Gilmerton Dykes Av. 17	O11	28	Gorton Loan 24	O17	42
Forth St. 1	L5	9	Gilmerton Dykes Cres. 17	O11	28	Gorton Pl. 24	O17	42
Forthview Av. 14	C12	33	Gilmerton Dykes Dri. 17	O11	28	Gorton Rd. 24	O17	42
Forthview Cres. 14	C11	23	Gilmerton Dykes Gdns. 17	O11	28	Gorton Wk. 24	O17	42
Forthview Cres. 22	Q10	29	Gilmerton Dykes Gro. 17	O11	28	Gosford Pl. 6	L3	9
Forthview Rd. 4	H5	7	Gilmerton Dykes Loan 17	O11	28	Gospel Wynd 18	Q13	39
Forthview Rd. 14	C12	33	Gilmerton Dykes Pl. 17	O11	28	*High St.*		
Forthview Ter. 4	G5	7	Gilmerton Dykes Rd. 17	O12	38	Gowanhill Rd. 14	A11	22
Fort Pl. 6	M3	9	Gilmerton Dykes St. 17	O11	28	Gracemount Av. 16	N10	28
Foulis Cres. 14	E11	24	Gilmerton Dykes Ter. 17	O11	28	Gracemount Dri. 16	N11	28
Foundry La. 20	O13	38	Gilmerton Dykes View 17	O11	28	Gracemount Pl. 16	N11	28
Fountainbridge 3	K7	16	Gilmerton Rd. 16	N9	28	Gracemount Rd. 16	N11	28
Fountainhall Rd. 9	M8	17	Gilmerton Rd. 17	P11	29	Gracemount Sq. 16	N10	28
Fountain Pl. 20	N14	38	Gilmerton Rd. 22	R12	40	Graham St. 6	M3	9
Four Mile Hill 12	C6	13	Gilmerton Station Rd. 17	P11	29	Grampian House 6	M3	9
Fourth Gate 14	C10	23	Gilmore Park 3	K7	16	Granby Rd. 16	M8	17
Fourth St. 15	T15	45	Gilmore Pl. 3	K7	16	Grange Ct. 9	M7	17
Fowler Sq. 20	O14	38	Gilmore Pl. La. 3	K7	16	*Causewayside*		
Fowler Ter. 11	J7	16	Gilmour Rd. 9	M8	17	Grange Cres. 9	L8	17
Fox Covert Av. 12	F5	6	Gilmour St. 8	M6	17	Grange Loan 9	L8	17
Fox Covert Gro. 12	F5	6	Gilmour's Entry 8	M6	17	Grange Loan Gdns. 9	L8	17
Fox Spring Cres. 10	K10	26	*Gilmour St.*			Grange Rd. 9	L7	17
Fox Spring Rise 10	K10	26	Gladstone Pl. 6	N4	10	Grange Ter. 9	L8	17
Fox St. 6	N3	10	Gladstone Ter. 9	M7	17	Grant Av. 13	G11	25
Fraser Av. 5	K3	8				Granton Cres. 5	J3	8

Name	Ref	Page
Granton Gdns. 5	J3	8
Granton Gro. 5	J3	8
Granton Medway 5	J3	8
Granton Pk. Av. 5	J2	8
Granton Pl. 5	J3	8
Granton Rd. 5	K3	8
Granton Sq. 5	J2	8
Granton Ter. 5	J3	8
Granton View 5	J3	8
Granville Ter. 10	K7	16
Grassmarket 1	L6	17
Gray's Loan 10	J8	16
Great Junction St. 6	M3	9
Great King St. 3	L5	9
Gt. Michael Clo. 6	L2	9
Newhaven Pl.		
Great Michael Rise 6	L3	9
Great Michael Sq. 6	L2	9
Great Stuart St. 3	K6	16
Greenbank Av. 10	K9	26
Greenbank Cres. 10	J10	26
Greenbank Dri. 10	J9	26
Greenbank Gdns. 10	J10	26
Greenbank Gro. 10	J10	26
Greenbank La. 10	J9	26
Greenbank Loan 10	J10	26
Greenbank Park 10	J10	26
Greenbank Pl. 10	K9	26
Greenbank Rise 10	J10	26
Greenbank Rd. 10	J10	26
Greenbank Row 10	J10	26
Greenbank Ter. 10	K9	26
Comiston Rd.		
Greendykes Av. 16	P8	19
Greendykes Dri. 16	P8	19
Greendykes Gdns. 16	P8	19
Greendykes House 16	P8	19
Greendykes Loan 16	P8	19
Greendykes Rd. 16	P8	19
Greendykes Ter. 16	P8	19
Greenend Dri. 16	O10	28
Greenend Gdns. 16	O10	28
Greenend Gro. 16	O10	28
Greenfield Cres. 14	B14	32
Greenfield Rd. 14	B14	32
Greenhall Rd. 23	U17	45
Greenhill Gdns. 10	K8	16
Greenhill Park 10	K8	16
Greenhill Pl. 10	K8	16
Greenhill Ter. 10	K7	16
Greenmantle Loan 16	N10	28
Glenvarloch Cres.		
Greenside Ct. 1	M5	9
Greenside La. 1	M5	9
Greenside Pl. 1	M5	9
Leith St.		
Greenside Pl. 24	O17	42
Greenside Row 1	M5	9
Green St. 7	L5	9
Green, The, 4	F4	6
Green, The, 14	B14	32
Greyfriars Pl. 1	L6	17
Candlemaker Row		
Grierson Av. 5	K3	8
Grierson Cres. 5	K3	8
Grierson Gdns. 5	K3	8
Grierson Rd. 5	J3	8
Grierson Sq. 5	K3	8
Grierson Villas 5	K3	8
Grigor Av. 4	H4	7
Grigor Dri. 4	H4	7
Grigor Gdns. 4	H4	7
Grigor Ter. 4	H4	7
Grindlay St. 3	K6	16
Groathill Av. 4	H5	7
Groathill Gdns. East 4	H5	7
Groathill Rd. Sth.		
Groathill Gdns. West 4	H5	7
Groathill Rd. Sth.		
Groathill Rd. Nth. 4	H4	7
Groathill Rd. Sth. 4	H5	7
Grosvenor Cres. 12	J6	16
Grosvenor Gdns. 12	J6	16
Grosvenor St. 12	K6	16
Grove Pl. 14	E11	24
Grove Sq. 21	U7	21
Pinkie Rd.		
Grove St. 3	K6	16
Grove St. 21	U7	21
Grove Ter. 3	K6	16
Grove St.		
Gullan's Clo. 8	M6	17
St. Mary's St.		
Gunnet Ct. 4	G3	7
Guthrie St. 1	L6	17
Gylemuir Rd. 12	E7	14
Gyle-Redhaughs Rd. 12	D7	3
Gypsy Brae 5	G2	7
Haddington Pl. 7	M5	9
Haddington's Entry 8	M6	17
Reid's Clo.		
Haddon Ct. 8	M7	17
Howden St.		
Hailes Approach 13	G10	25
Hailes Av. 13	G10	25
Hailes Bank 13	G10	25
Hailes Cres. 13	G10	25
Hailes Gdns. 13	F10	24
Hailes Gro. 13	G10	25
Hailesland Gdns. 14	F9	24
Hailesland Gro. 14	F9	24
Hailesland Park 14	F9	24
Hailesland Pl. 14	F9	24
Hailesland Rd. 14	F9	24
Hailes Park 13	F10	24
Hailes Pl. 13	F10	24
Hailes Quarry Cotts. 14	F9	24
Hailes St. 3	K7	16
Hailes Ter. 13	G10	25
Hallhead Rd. 16	M9	27
Halmyre St. 6	M4	9
Hamborough Pl. 6	M3	9
Hamburg Pl. 6	M3	9
Hamilton Cres. 6	M3	9
Hamilton Cres. 22	T15	45
Hamilton Dri. 15	P6	19
Hamilton Dri. West 15	P6	19
Hamilton Gdns. 15	P6	19
Hamilton Gro. 15	P6	19
Hamilton Park 15	P6	19
Hamilton Pl. 3	K5	8
Hamilton St. 6	M3	9
Hamilton Ter. 15	Q6	19
Hamilton Wynd 6	M3	9
Hampton Pl. 12	J6	16
West Catherine Pl.		
Hampton Ter. 12	J6	16
Hanover St. 2	L5	9
Harbour Pl. 15	Q5	11
Pipe Lane		
Harbour Rd. 15	Q5	11
Harbour Rd. 21	T7	21
Harden Pl. 11	J7	16
Hardwell Clo. 8	M7	17
Harelaw Rd. 13	G11	25
Harewood Cres. 16	P8	19
Harewood Dri. 16	P8	19
Harewood Rd. 16	P8	19
Harlaw March 14	B14	32
Harrison Gdns. 14	J8	16
Harrison La. 11	J7	16
Harrison Pl. 11	J8	16
Harrison Rd. 11	J7	16
Hartington Gdns. 10	K7	16
Hartington Pl. 10	K7	16
Hart St. 1	L5	9
Hatton Pl. 9	L7	17
Haugh Park 14	G9	25
Longstone Rd.		
Haugh St. 4	K5	8
Hawkhead Cres. 16	N10	28
Hawkhead Gro. 16	N10	28
Hawkhill Av. 7	N4	10
Hawkhill Ct. 7	N4	10
Hawkhill Villas 7	N4	10
Lochend Rd.		
Hawthornbank 4	K6	16
Hawthornbank La. 4	K6	16
Hawthornbank Pl. 6	M3	9
Hawthornbank Ter. 6	M3	9
Nth. Fort St.		
Hawthorn Blds. 4	K6	16
Belford Rd.		
Hawthorn Cres. 22	U14	41
Hawthornden Av. 19	Q15	43
Hawthornden Gdns. 19	Q14	39
Hawthorn Pl. 17	P11	29
Main St.		
Hawthorn Ter. 4	K6	16
Hawthornbank La.		
Hawthornvale 6	L3	9
Hay Av. 16	P8	19
Hay Dri. 16	Q8	19
Hayfield 4	D6	13
Haymarket 12	K6	16
Haymarket Ter. 12	J6	16
Hay Pl. 16	P8	19
Hay Rd. 16	P8	19
Hay Ter. 16	P8	19
Hazelbank Ter. 11	J8	16
Hazeldean Ter. 16	N9	28
Hazel Dri. 19	Q15	43
Hazelwood Gro. 16	O9	28
Headrigg Row 16	N9	28
Henderland Rd. 12	H6	15
Henderson Gdns. 6	M3	9
Henderson Pl. 3	L5	9
Henderson Row 3	K5	8
Henderson St. 6	M3	9
Henderson Ter. 11	J7	16
Henry Pl. 8	M7	17
Hepburn Dr. 22	U13	41
Hercus Loan 21	T7	21
Herd Ter. 20	N14	38
Heriot Bridge 1	L6	17
Heriot Cross 1	L6	17
Heriot Bridge		
Heriot Hill Ter. 7	L4	9
Heriot Mt. 8	M6	17
Heriot Pl. 3	L6	17
Heriot Row 3	K5	8
Hermand Cres. 11	J8	16
Hermand St. 11	H8	15
Hermand Ter. 11	H8	15
Hermiston Ct. 11	E9	24
Hermiston House Rd. 14	C9	23
Hermitage Dri. 10	K9	26
Hermitage Gdns. 10	K9	26
Hermitage Park 6	N4	10
Hermitage Park Gro. 6	N4	10
Hermitage Park Sth. 6	N4	10
Hermitage Park		
Hermitage Pl. 6	N4	10
Hermitage Ter. 10	K9	26
Highlea Circle 14	B14	32
Highlea Gro. 14	B14	32
High Riggs 3	K6	16
High School Yards 1	M6	17
High St. 1	L6	17
High St. 18	Q13	39
High St. 19	Q14	39
High St. 20	O14	38
High St. 21	U7	21
High St. 22	T12	41
Highway, The, 8	P6	19
Hillcoat Pl. 15	Q5	11
Hillend Pl. 8	O5	10
London Rd.		
Hillhead 19	Q14	39
Hillhouse Rd. 4	F4	6
Hillpark Av. 4	F4	6
Hillpark Brae 4	F5	6
Hillpark Ct. 4	F4	6
Hillpark Cres. 4	F5	6
Hillpark Dri. 4	F4	6
Hillpark Gdns. 4	F5	6
Hillpark Grn. 4	F5	6
Hillpark Gro. 4	F5	6
Hillpark Loan 4	G5	7
Hillpark Pl. 4	G5	7
Hillpark Rd. 4	F5	6
Hillpark Way 4	G5	7
Hillpark Wood 4	G5	7
Hill Pl. 8	M6	17
Hill St. La. Nth. 2	K5	8
Hill St. La. Sth. 2	K6	16
Hillside Cres. 7	M5	9
Hillside St. 7	M5	9
Hill Sq. 8	M6	17
Hill Pl.		
Hill St. 2	K5	8
Hillview 4	G5	7
Hillview Cres. 12	E6	14
Hillview Dri. 12	E6	14
Hillview Rd. 12	E6	14
Hillview Ter. 12	E6	14
Hollybank Ter. 11	J8	16
Holly Ter. 19	Q15	43
Holyrood Ct. 8	M6	17
Holyrood Park Rd. 16	M7	17
Holyrood Rd. 8	M6	17
Home St. 3	K7	16
Hopefield Park 19	Q15	43

Name	Grid	Pg
Hopefield Pl. 19	Q15	43
Hopefield Ter. 6	M3	9
Hopefield Ter. 19	Q15	43
Hope La. 15	Q6	19
Hope Park Cres. 8	M7	17
Hope Park Sq. 8	L7	17
Meadow La.		
Hope Park Ter. 8	M7	17
Hope St. La. 2	K6	16
Hope St. 2	K6	16
Hope Ter. 9	L8	17
Hopetoun Cres. 7	M5	9
Hopetoun Cres. La. 7	M5	9
Hopetoun St. 7	M4	9
Horne Ter. 11	K7	16
Horse Wynd 8	M6	17
Hosie Rigg 15	Q7	19
Hoseason Gdns. 4	E5	6
House O'Hill Av. 4	G4	7
House O'Hill Brae 4	G4	7
House O'Hill Cres. 4	G4	7
House O'Hill Gdns. 4	G4	7
House O'Hill Grn. 4	G4	7
House O'Hill Gro. 4	G4	7
House O'Hill Pl. 4	G4	7
House O'Hill Rd. 4	G4	7
House O'Hill Row 4	G4	7
Howard Pl. 3	L4	9
Howard St. 3	L4	9
Howden Hall Ct. 16	M11	27
Howden Hall Cres. 16	M11	27
Howden Hall Dri. 16	M11	27
Howden Hall Gdns. 16	N11	28
Howden Hall Loan 16	M11	27
Howden Hall Pk. 16	M11	27
Howden Hall Rd. 16	N11	28
Howden Hall Way 16	N11	28
Howden St. 8	M7	17
Howe Park 13	J11	26
Howe St. 3	L5	9
Hugh Miller Pl. 3	K5	8
Hunt Clo. 22	T12	41
Hunter Av. 20	O14	38
Hunter Sq. 1	L6	17
Hunter Ter. 19	Q14	39
Hunter Ter. 20	O14	38
Huntly St. 3	L4	9
Hursted Av. 22	U14	41
Hutchison Av. 14	H8	15
Hutchison Cotts. 14	H8	15
Hutchison Crossway 14	H8	15
Hutchison Gdns. 14	H8	15
Hutchison Gro. 14	H8	15
Hutchison House 14	H8	15
Hutchison Loan 14	H8	15
Hutchison Medway 14	H8	15
Hutchison Park 14	H8	15
Hutchison Pl. 14	H8	15
Hutchison Rd. 14	H8	15
Hutchison Ter. 14	H8	15
Hutchison View 14	H8	15
Hyvot Av. 17	O11	28
Hyvot Bank Av. 17	P11	29
Hyvot Ct. 17	O11	28
Hyvot Gdns. 17	O11	28
Hyvot Grn. 17	O11	28
Hyvot Gro. 17	O11	28
Hyvot Loan 17	O10	28
Hyvot Park 17	O11	28
Hyvot Ter. 17	O11	28
Hyvot View 17	O11	28
Inchcolm Ct. 4	H4	7
Inchgarvie Ct. 4	H4	7
Inchkeith Ct. 7	M4	9
Inchview Ter. 7	P5	11
India Blds. 1	L6	17
Victoria St.		
India Pl. 3	K5	8
India St. 3	K5	8
Industrial Rd. 6	N4	10
Industry Homes 6	M3	9
Industry La.		
Industry La. 6	M3	9
Infirmary St. 1	M6	17
Inglewood Pl. 16	N10	28
Inglis' St. 1	L6	17
West Port		
Inglis Green Rd. 14	G9	25
Inveralmond Dri. 4	D3	5
Inveralmond Gdns. 4	D3	5
Inveralmond Gro. 4	D3	5
Inveravon Ter. 21	U7	21
Inveresk Brae 21	U7	21
Inveresk Rd. 21	U7	21
Inveresk Village Rd. 21	U8	21
Inverleith Av. 3	K4	8
Inverleith Av. Sth. 3	K4	8
Inverleith Gdns. 4	K4	8
Inverleith Gro. 3	J4	8
Inverleith Pl. 3	J4	8
Inverleith Place La. 3	K4	8
Inverleith Row 3	K4	8
Inverleith Ter. 3	K4	8
Iona St. 6	M4	9
Ivanhoe Cres. 16	N9	28
Ivy Ter. 11	J8	16
Jamaica Mews 3	K5	8
Jamaica St. Nth. La. 3	K5	8
Jamaica St. Sth. La. 3	K5	8
James' Ct. 1	L6	17
Lawnmarket		
James Craig Wk. 1	L5	9
James Lean Av. 22	T12	41
James Leary Way 19	R14	40
Jameson Pl. 6	M4	9
James St. La. 15	R6	20
James St. 7	M4	9
James St. 15	R6	20
James St. 21	U7	21
Janefield 12	E7	14
Ladywell Rd.		
Janefield 13	G11	25
Bridge Rd.		
Janefield 17	N12	38
Jane St. 6	M4	9
Jane Ter. 7	N5	10
Jarnac Ct. 22	T12	41
Jawbone Walk 3	L7	17
Jean Armour Av. 16	N9	28
Cumnor Cres.		
Jean Armour Dri. 22	U13	41
Jeffrey Av. 4	G5	7
Jeffrey St. 1	M6	17
Jessfield Ter. 6	L3	9
Jewel, The 15	Q7	19
John Russell Ct. 6	M3	9
John St. La. 15	R6	20
John St. La. West 15	R6	20
Elcho Ter.		
Johnsburn Rd. 14	A13	32
John's La. 6	N3	10
John's Pl. 6	N3	10
Johnston Ter. 1	L6	17
John St. 15	R6	20
Joppa Gdns. 15	R6	20
Joppa Gro. 15	R6	20
Joppa Park 15	R6	20
Joppa Rd. 15	R6	20
Joppa Ter. 15	R6	20
Jordan La. 10	K8	16
Jubilee Cres. 23	U17	45
Junction Pl. 6	M4	9
Juner Pl. 23	U17	45
Juniper Av. 14	E11	24
Juniper Gro. 14	E11	24
Juniperlee 14	E11	24
Juniper Park Rd. 14	E11	24
Juniper Ter. 14	E11	24
Kaimes Rd. 12	F6	14
Kaimes Vw. 22	Q11	29
Kates Mill Rd. 13	G10	25
Kedslie Pl. 16	M10	27
Kedslie Rd. 16	M10	27
Keir Hardie Dr. 22	U15	45
Keir St. 3	L6	17
Keith Cres. 4	G5	7
Keith Row 4	G5	7
Craigcrook Rd.		
Keith Ter. 4	G5	7
Kekewich Av. 7	P5	11
Kemp Pl. 3	K5	8
Kenilworth Dri. 16	N10	28
Kenmure Av. 8	O6	18
Kennington Av. 20	N14	38
Kennington Ter. 20	N14	38
Kerr St. 3	K5	8
Kerr's Wynd 21	U7	21
Kew Ter. 12	J6	16
Kilchurn Ct. 12	D6	13
(Craigievar Wynd)		
Kilgraston Ct. 9	L8	17
Kilgraston Rd. 9	L8	17
Kilmaurs Rd. 16	N8	18
Kilmaurs Ter. 16	N8	18
Kilncroftside 14	G9	25
Kilwinning St. 21	U7	21
Kilwinning Ter. 21	U7	21
Kinellan Rd. 12	H6	15
Kinghorn Pl. 6	L3	9
King's Bridge 1	L6	17
Kingsburgh Rd. 12	H6	15
Kings Haugh 16	O8	18
Kingsknowe Av. 14	G9	25
Kingsknowe Ct. 14	F9	24
Kingsknowe Cres. 14	G9	25
Kingsknowe Dr. 14	G9	25
Kingsknowe Gdns. 14	G10	25
Kingsknowe Gro. 14	G9	25
Kingsknowe House 14	G9	25
Kingsknowe Park 14	G10	25
Kingsknowe Pl. 14	F9	24
Kingsknowe Rd. Nth. 14	G9	25
Kingsknowe Rd. Sth. 14	G9	25
Kingsknowe Ter. 14	G9	25
King's Pl. 15	Q5	11
King's Rd. 15	Q5	11
King's Stables La. 1	L6	17
King's Stables Rd. 1	K6	16
King's Ter. 15	Q5	11
Kingston Av. 16	O9	28
King St. 6	M3	9
King St. 21	U7	21
Kinnaird Pl. Muss.	T7	21
New St.		
Kinnear Rd. 3	K4	8
Kippielaw Dr. 22	U13	41
Kippielaw Gdns. 22	U13	41
Kippielaw Medway 22	U13	41
Kippielaw Park 22	U14	41
Kippielaw Rd. 22	U13	41
Kippielaw Way 22	U13	41
Kirk Brae 16	N9	28
Kirk Cramond 4	E3	6
Kirkgate 6	N3	10
Kirkgate 16	N10	28
Kirkgate 14	D12	33
Kirkhill Dri. 16	N8	18
Kirkhill Gdns. 16	N7	18
Kirkhill Rd. 16	N8	18
Kirkhill Ter. 16	N7	18
Kirklands 12	E8	14
Ladywell Av.		
Kirk Loan 12	F7	14
Kirk Park 16	N10	28
Kirk St. 6	M4	9
Kirkwood Pl. 7	N5	10
London Rd.		
Kisimul Ct. 12	D6	13
(Craigievar Wynd)		
Klondyke St. 21	S8	20
Klondyke Way 21	R8	20
Knockhillbraehead 14	G10	25
Komarom Pl. 22	U12	41
Woodburn Ter.		
Kyle Pl. 7	M5	17
Lade, The 14	B14	32
Ladehead, 7	L4	9
Bonnyhaugh		
Ladiemeadow 12	F7	14
Roull Rd.		
Ladycroft 14	B13	32
Ladyfield Pl. 3	K6	16
Morrison St.		
Lady Lawson St. 3	L6	17
Lady Menzies Pl. 7	N5	10
Lady Nairne Cres. 8	O6	18
Lady Nairne Gro. 8	O6	18
Lady Nairne Loan 8	O6	18
Lady Nairne Pl. 8	O6	18
Lady Rd. 16	N8	18
Ladysmith Rd. 9	M9	27
Lady Stairs Clo. 1	L6	17
Lawnmarket		
Ladywell Gdns. 12	E7	14
Ladywell Rd. 12	E7	14
Ladywell Way 21	U7	21
Lady Wynd 1	L6	17
Laichfield 14	G8	15
Chesser Loan		
Laichpark Pl. 14	G8	15
Laichpark Rd. 14	G8	15
Laing Ter. 15	R6	20
Lamb Ct. 19	Q14	39

Lamb's Clo. 8	M7 17	Leyden Park 19	Q14 39	Longstone Rd. 14	F8 14
East Crosscauseway		Leyden Pl. 19	Q14 39	Longstone St. 14	G9 25
Lamb's Ct. 6	L2 9	Liberton Brae 16	N10 28	Longstone Ter. 14	F8 14
Main St.		Liberton Dri. 16	M10 27	Longstone View 11	F8 14
Lammermoor Ter. 16	O9 28	Liberton Gdns. 16	N10 28	Lonsdale Ter. 3	L7 17
Lampacre Rd. 12	F7 14	Liddesdale Pl. 3	L5 8	Lord Russell Pl. 9	M7 17
Lanark Rd. 13	F10 24	Lilyhill Ter. 8	O5 10	*Causewayside*	
Lanark Rd. 14	A13 32	Lily Ter. 11	J8 16	Lorne Pl. 6	M4 9
Langlaw Rd. 22	U14 41	Lime Pl. 19	Q15 43	Lorne Sq. 6	M4 9
Lang Loan 17	N13 38	Limes, The, 10	K8 16	Lorne St. 6	M4 9
Lang Loan 20	N13 38	Lindale Sq. 20	M13 37	Lothian Bank 22	S13 40
Langton Rd. 9	M8 17	Lindean Pl. 6	N4 10	Lothian Dr. 22	U14 41
Lansbury Ct. 22	T12 41	Lindsay Pl. 1	L6 17	Lothian Rd. 1	K6 16
Lansdowne Cres. 12	J6 16	*Chambers St.*		Lothian Rd. 22	T12 41
Lapicide Pl. 6	M3 9	Lindsay Pl. 6	M3 9	Lothian St. 1	L6 17
Larbourfield 11	E9 24	Lindsay Rd. 6	L2 9	Lothian St. 19	R14 40
Larchfield 14	B13 32	Lindsay St. 6	M3 9	Lothian St. 22	T12 41
Larchfield Neuk 14	B13 32	Lingerwood Rd. 15	T16 45	Lothian St. 24	O17 42
Larchfield		Linkfield Rd. 21	U7 21	Lothian Ter. 22	T16 45
Largo Pl. 6	M3 9	Links Av. 21	U6 21	Louisa Sq. 24	O17 42
Larkfield Rd. 22	R13 40	Links Gdns. 6	N4 10	Lovedale Av. 14	A13 32
Larkfield Rd. 22	S13 40	Links Gdns. La. 6	N3 10	Lovedale Cres. 14	A13 32
Lasswade Bank 17	O11 28	Links Gro. 6	N3 10	Lovedale Gdns. 14	A13 32
Lasswade Gro. 17	O11 28	Links Pl. 6	N3 10	Lovedale Gro. 14	A13 32
Lasswade Rd. 16	N10 28	Links St. 21	U7 21	Lovedale Rd. 14	B13 32
Lasswade Rd. 17	O12 38	Links View 21	U6 21	Lover's Loan 9	L7 17
Lasswade Rd. 18	P13 39	Linkview House 6	N3 10	Lower Broomieknowe 18	Q14 39
Lasswade Rd. 22	R13 40	Lismore Av. 8	O5 10	Lower Gilmore Pl. 3	K7 16
Lauderdale St. 9	L7 17	Lismore Cres. 8	O5 10	Lower Granton Rd.	J2 8
Lauder Loan 9	L8 17	Little France 16	O9 28	Lower Joppa 15	R6 20
Lauder Rd. 9	L7 17	Little France House 17	O10 28	*Morton St.*	
Lauder Rd. Dal. 22	U13 41	Little King St. 1	L5 9	Lower London Rd. 7	N5 10
Laurel Bank 22	U13 41	Little Rd. 9	N10 28	Lower Viewcraig Row 8	M6 17
Laurel Ter. 11	J7 16	Livingstone Pl. 9	L7 17	*Waterston Av.*	
Slateford Rd.		Lixmount Av. 5	L3 9	Lussielaw Rd. 9	M9 27
Laurie St. 6	N4 10	Lixmount Gdns. 5	L3 9	Lutton Pl. 8	M7 17
Lauriston Farm Rd. 4	F4 6	Loaning Cres. 7	O5 10	Lugton Brae 22	S12 40
Lauriston Gdns. 3	L7 17	Loaning Rd. 7	O5 10	Lygon Rd. 16	M9 27
Lauriston Park 3	L7 17	Loan Rd. 17	O12 38	Lynedoch Pl. 3	K6 16
Lauriston Pl. 3	L6 17	Loan, The, 20	N14 38	Lynedoch Pl. La. 3	K6 16
Lauriston St. 3	L6 17	Lochend Av. 7	N4 10	Lyne St. 7	N5 10
Lauriston Ter. 3	L6 17	Lochend Clo. 8	M6 17	Macdonald Rd. 7	L4 9
Laverockbank Av. 5	L3 9	Lochend Cres. 7	O5 10	Macdowall Rd. 9	M8 17
Laverockbank Cres. 5	L3 9	Lochend Dri. 7	N5 10	Mackenzie Pl. 3	K5 8
Laverockbank Gdns. 5	L3 9	Lochend Gdns. 7	N5 10	Madeira Pl. 6	M3 9
Laverockbank Gro. 5	L3 9	Lochend Gro. 7	O5 10	Madeira St. 6	M3 9
Laverockbank Rd. 5	L3 9	Lochend House 7	O5 10	Magdala Cres. 12	J6 16
Laverockbank Ter. 5	L3 9	Lochend Park 7	N5 10	Magdala Mews 12	J6 16
Laverockdale Cres. 13	G11 25	Lochend Quadrant 7	O5 10	Magdalene Av. 15	Q7 19
Laverockdale Loan 13	G11 25	Lochend Rd. Nth. 21	T7 21	Magdalene Dri. 15	Q7 19
Laverockdale Pk. 13	G11 25	Lochend Rd. Sth. 7	N5 10	Magdalene Gdns. 15	Q7 19
Lawfield Rd. 22	U14 41	Lochend Rd. Sth. 21	T7 21	Magdalene Loan 15	Q7 19
Lawnmarket 1	L6 17	Lochend Sq. 7	N5 10	Magdalene Medway 15	Q7 19
Law Pl. 15	Q5 11	Lochrin Blds. 3	K7 16	Magdalene Pl. 15	Q7 19
Pipe St.		*Gilmore Pl.*		Maidencraig Ct. 4	H5 7
Leadervale Rd. 16	M10 27	Lochrin La. 3	K7 16	Maidencraig Cres. 4	H5 7
Leadervale Ter. 16	M10 27	Lochrin Pl. 3	K7 16	Maidencraig Gro. 4	H5 7
Leamington Pl. 10	K7 16	Lochrin Ter. 3	K7 16	Main Point 3	L6 17
Leamington Ter.		*Thornybank*		Main St. 4	F4 6
Leamington Rd. 3	K7 16	Loch Rd. 4	G5 7	Main St. 6	L2 9
Leamington Ter. 10	K7 16	Lochview Ct. 8	M6 17	Main St. 14	B13 32
Learmonth Av. 4	J5 8	Lockerby Cottages 16	O11 28	Main St. 25	N16 42
Learmonth Ct. 4	J5 8	Lockerby Cres. 17	O11 28	Main St. Dal.	T15 45
Learmonth Cres. 4	J5 8	Lockharton Av. 14	H9 25	Maitland Av. 21	T7 21
Learmonth Gdns. 4	J5 8	Lockharton Cres. 14	J9 26	Maitland Park Rd. 21	T7 21
Learmonth Gdns. Mews 5	K5 8	Lockharton Gdns. 14	J8 16	Maitland St. 21	T7 21
Learmonth Gro. 4	J5 8	Loganlea Av. 7	O5 10	Mall Av. 21	U7 21
Learmonth Park 4	J5 8	Loganlea Dri. 7	O5 10	Malleny Av. 13	B13 32
Learmonth Pl. 4	K5 8	Loganlea Gdns. 7	O5 10	Malleny Millgate 14	B12 32
Learmonth Ter. 4	J5 8	Loganlea Loan 7	O5 10	Malta Green 4	K5 8
Learmonth View 4	K5 8	Loganlea Pl. 7	O5 10	*St. Bernards Row*	
Learmonth Ter.		Loganlea Rd. 7	O5 10	Malta Ter. 4	K5 8
Lee Cres. 15	Q6 19	Loganlea Ter. 7	O5 10	Manderston St. 6	M4 9
Leighton Cres. 22	U14 41	Logan St. 3	L5 9	Mannering Pl. 16	N10 28
Leith St. Ter. 1	L5 9	Logie Green Gdns. 7	L4 9	Manor Pl. 3	K6 16
Leith St.		Logie Green Loan 7	L4 9	Manse Rd. 12	E7 14
Leith St. 1	L5 9	*Logie Green Rd.*		Manse Rd. 25	N16 42
Leith Walk 1	M5 9	Logie Green Rd. 7	L4 9	Manse St. 12	E7 14
Leith Walk 6	M4 9	Lomond Rd. 5	K3 8	Manse, The, La. 21	U7 21
Lennel Av. 12	H6 15	Lomond Walk. 20	M13 37	Mansfield Av. 21	U7 21
Lennie Mains 12	B5 4	London Rd. 7	M5 9	Mansfield Av. 22	T15 45
Lennox Row 5	K3 8	London Rd. 22	T12 41	Mansfield Ct. 21	U7 21
Lennox St. La. 4	K5 8	London St. 3	L5 9	Mansfield Pl. 3	L5 9
Lennox St. 4	K5 8	Longformacus Rd. 16	N10 28	Mansfield Pl. 21	U7 21
Lennymuir Cammo Rd. 4	A5 4	Longstone Av. 14	G9 25	Mansfield Pl. 22	T15 45
Leopold Pl. 7	M5 9	Longstone Cotts. 14	G9 25	Mansfield Rd. 14	B14 32
Leslie Pl. 4	K5 8	*Longstone Rd.*		Mansfield Rd. 21	U7 21
Leven St. 3	K7 16	Longstone Cres. 14	G8 15	Mansfield Rd. 22	T15 45
Leven Ter. 3	L7 17	Longstone Gdns. 14	F8 14	Mansion House Rd. 9	L7 17
Lewis Ter. 11	K6 16	Longstone Gro. 14	G9 25	Maple View 19	Q15 43
Dalry Pl.		Longstone Pk. 14	G9 25	Marchbank Dri. 14	B14 32

Marchbank Gdns. 14	B14	32
Marchbank Gro. 14	B14	32
Marchbank Way 14	B13	32
Marchfield Gdns. 4	G4	7
Hillhouse Rd.		
Marchfield Gro. 4	G4	7
Marchfield Park. 4	F4	6
Marchfield Ter. 4	G5	7
March Gro. 4	F5	6
Marchhall Cres. 16	N7	18
Marchhall Pl. 16	N7	18
Marchhall Cres.		
Marchhall Rd. 16	N7	18
Marchmont Cres. 9	L7	17
Marchmont Rd. 9	L7	17
Marchmont St. 9	L7	17
March Rd. 4	F5	6
Mardale Cres. 10	K8	16
Marine Dri. 4	F3	6
Marine Esplanade 6	O3	10
Marine Pde. 6	L2	9
Marionville Av. 7	O5	10
Marionville Cres. 7	O5	10
Marionville Dri. 7	O5	10
Marionville Gro. 7	O5	10
Marionville Pk. 7	N5	10
Marionville Rd. 7	N5	10
Marischal Pl. 4	H5	7
Queensferry Rd.		
Maritime La. 6	N3	10
Maritime St. 6	N3	10
Market Pl. 22	T12	41
Market St. 1	L6	17
Market St. 21	T7	21
Marlborough St. 15	Q6	19
Marmion Cres. 16	N9	28
Marshall Pl. 7	N5	10
Kirkwood Pl.		
Marshall's Ct. 1	M5	9
Marshall St. 8	L6	17
Nicolson Sq.		
Martello Ct. 4	G3	7
Martin Gro. 19	R14	40
Martin Pl. 22	S13	40
Martin's Ct. 6	N3	10
Bernard St.		
Maryburn Rd. 22	U14	41
Maryfield 7	M5	9
Maryfield 15	Q5	11
Maryfield Pl. 7	N5	10
Maryfield Pl. 19	R14	40
Mary's Pl. 4	K5	8
Raeburn Pl.		
Marytree House 17	O10	28
Mason Av. 19	P15	43
Maulsford Av. 22	Q10	29
Maurice Pl. 9	L9	27
Mavis Bank 20	O14	38
Maxton Cres. 22	T12	41
Maxwell St. 10	K8	16
Maybank Pl. 18	P15	43
Maybank Villas 12	E7	14
St. John's Rd.		
Mayburn Av. 20	N14	38
Mayburn Bank 20	N14	38
Mayburn Ct. 20	N14	38
Mayburn Cres. 20	N13	38
Mayburn Dri. 20	N13	38
Mayburn Gdns. 20	N13	38
Mayburn Gro. 20	N14	38
Mayburn Hill 20	N14	38
Mayburn Loan 20	N13	38
Mayburn Vale 20	N14	38
Mayburn Wk. 20	N14	38
Mayburn Dri. 12	D6	13
Mayburn Dr. 4	D5	5
Maybury Rd. 12	D6	13
May Ct. 4	G3	7
Mayfield Cres. 20	O14	38
Mayfield Cres. 21	T8	21
Mayfield Gdns. 9	M8	17
Mayfield Gdns. La. 9	M8	17
Mayfield Grn. 21	T8	21
Mayfield Pl. 12	E7	14
St. John's Rd.		
Mayfield Pl. 21	T8	21
Mayfield Pl. 22	U15	45
Mayfield Rd. 9	M8	17
Mayfield Rd. 22	U14	41
Mayfield Ter. 9	M8	17
Mayville Gdns. 5	L3	9
Mayville Gdns. East 5	L3	9
Sth. Laverockbank Av.		
McCathie Dr. 22	T15	45
McClean Pl. 19	P15	43
McDonald Pl. 7	L4	9
McDonald St. 7	M4	9
McKinlay Ter. 20	N14	38
McLaren Rd. 9	N8	18
McLaren Ter. 11	K6	16
Dalry Pl.		
McLean Pl. 23	U17	45
McLeod St. 11	J7	16
McNeil Av. 20	N14	38
McNeill St. 11	K7	16
McNeil Pl. 20	N14	38
McNeil Ter. 20	N14	38
Mcquade St. 19	R14	40
Meadowbank Av. 8	N5	10
Meadow Bank Cotts. 20	N13	38
Meadowbank Cres. 8	N5	10
Meadowbank Pl. 8	O5	10
London Rd.		
Meadowbank Ter. 8	N5	10
Meadowfield 12	C6	13
Meadowfield Av. 8	O6	18
Meadowfield Ct. 8	O6	18
Paisley Dri.		
Meadowfield Dri. 8	O6	18
Meadowfield Gdns. 8	O7	18
Meadowfield Rd. 12	C6	13
Meadowfield Ter. 8	O7	18
Meadowhouse Rd. 12	F7	14
Meadow La. 8	L7	17
Meadow Pl. 9	L7	17
Roseneath Ter.		
Meadow Pl. La. 9	L7	17
Roseneath Ter.		
Meadow Pl. Rd. 12	E7	14
Mearnside 12	D6	13
Medwin House 11	E9	24
Meggetland Ter. 14	J8	16
Melbourne Pl. 1	L6	17
George IV Bridge		
Melgund Ter. 7	L5	9
Melville Cres. 3	K6	16
Melville Dri. 9	L7	17
Melville Dykes 18	Q13	39
Melville Gate Rd. 22	R12	40
Melville Pl. 3	K6	16
Queensferry St.		
Melville Rd. 22	S13	40
Melville St. La. 3	K6	16
Melville St. 3	K6	16
Melville Ter. 9	M7	17
Melville Ter. 22	S13	40
Dalhousie Rd.		
Melville View 18	Q14	39
Mentone Av. 15	Q5	11
Mentone Gdns. 9	M8	17
Mentone Ter. 9	M8	17
Merchant St. 1	L6	17
Candlemaker Row		
Merchiston Av. 10	K7	16
Merchiston Bank Av. 10	K8	16
Merchiston Bank Gdns. 10	K8	16
Merchiston Cres. 10	K8	16
Merchiston Gdns. 10	J8	16
Merchiston Gro. 10	J8	16
Merchiston Mews 10	K7	16
Merchiston Park 10	K7	16
Merchiston Pl. 10	K7	16
Mertoun Pl. 11	J7	16
Methven Ter. 19	P15	43
Meuse La. 2	L6	17
Middleby St. 9	M8	17
Middlefield 14	E10	24
Middle Gillsland Rd. 10	J8	16
Middle Meadow Walk 3	L7	17
Middlesfield 7	M4	9
Mid Liberton 16	N9	28
Midmar Av. 10	L9	27
Midmar Dri. 10	L9	27
Midmar Gdns. 10	K9	26
Mid Straiton Cotts. 20	N13	38
Millar Cres. 10	K8	16
Millar Pl. 10	K8	16
Millerfield Pl. 9	L7	17
Millerhill Rd. 22	Q9	29
Miller Row 4	K6	16
Mill Hill 21	U7	21
Millhill La. 21	U7	21
Millhill Sq. 21	U7	21
Mill Hill		
Mill La. 6	M3	9
Milnacre 7	L4	9
Bonnyhaugh		
Milton Cres. 15	Q7	19
Milton Dri. 15	S6	20
Milton Gdns. Nth. 15	Q7	19
Milton Gdns. Sth. 15	Q7	19
Milton Rd. 15	Q7	19
Milton Rd. East 15	R7	20
Milton Rd. West 15	P7	19
Milton St. 8	N5	10
Milton Ter. 15	S6	20
Minto St. 9	M7	17
Mitchell Pl. 21	T7	21
Mitchell St. 6	N3	10
Mitchell St. 21	T7	21
Mitchell St. 22	S12	40
Moat Dri. 14	H8	15
Moat House 14	H8	15
Moat Pl. 14	H8	15
Moat St. 14	H8	15
Moat Ter. 14	H8	15
Moffat Av. 19	Q15	43
Moira Ter. 7	P5	11
Moncrieffe House 17	O10	28
Moncrieff Ter. 9	M7	17
Monkbarns Gdns. 16	N10	28
Monktonhall-Millerhill Rd. 21	T9	31
Monktonhall Pl. 21	T8	21
Monkwood Court 9	L8	17
Monmouth Ter. 3	K4	8
Montague St. 8	M7	17
Montagu Ter. 4	K4	8
Inverleith Row		
Montgomery St. La. 7	M5	9
Montgomery St. 7	M5	9
Montpelier 10	K7	16
Montpelier Park 10	K7	16
Montpelier Ter. 10	K7	16
Montrose Ter. 7	M5	9
Moorfield Cotts. 22	R10	30
Moorfoot Pl. 19	Q15	43
Moorfoot View 19	Q15	43
Moray Pl. 3	K5	8
Moredun Dykes Rd. 17	O11	28
Moredun House 17	O10	28
Moredun Park Ct. 17	O10	28
Moredun Park Dri. 17	O10	28
Moredun Park Gdns. 17	O10	28
Moredun Park Grn. 17	P10	29
Moredun Park Gro. 17	P10	29
Moredun Park Loan 17	O10	28
Moredun Park Rd. 17	O10	28
Moredun Park St. 17	O10	28
Moredun Park Vw. 17	P10	29
Moredun Park Wk. 17	P10	29
Moredun Park Way 17	O10	28
Moredunvale Bank 17	O10	28
Moredunvale Grn. 17	O10	28
Moredunvale Gro. 17	O10	28
Moredunvale Loan 17	O10	28
Moredunvale Pk. 17	O10	28
Moredunvale Pl. 17	O10	28
Moredunvale Rd. 17	O10	28
Moredunvale Vw. 17	O10	28
Moredunvale Way 17	O10	28
Morningside Ct. 10	K9	26
Morningside Dri. 10	J9	26
Morningside Gdns. 10	J9	26
Morningside Gro. 10	J9	26
Morningside Park 10	K8	16
Morningside Pl. 10	K8	16
Morningside Rd. 10	K8	16
Morningside Ter. 10	K8	16
Morrison Pl. 8	O5	10
Portobello Rd.		
Morrison St. 3	K6	16
Mortonhall Bank 16	N11	28
Mortonhall Gate 16	M11	27
Mortonhall Pk. Av. 17	M11	28
Mortonhall Pk. Cres. 16	N11	28
Mortonhall Pk. Dri. 16	N11	28
Mortonhall Pk. Grn. 16	M11	27
Mortonhall Pk. Gro. 17	M11	27
Mortonhall Pk. Loan 16	M11	27
Mortonhall Pk. Vw. 16	M11	27
Mortonhall Pk. Way 17	M11	27

Mortonhall Pl. 16	N11	28	Nantwich Dri. 7	P4	11	North Bridge 1	L6	17
Mortonhall Rd. 9	L8	17	Napier Rd. 10	J8	16	North Bughtlin Bank 4	D5	5
Mortonhall Ter. 16	N11	28	Neidpath Ct. 12	D6	13	North Bughtlin Neuk 4	D5	5
Morton St. 15	R6	20	*Craigievar Wynd*			North Bughtlin Brae 4	D5	5
Morven St. 4	E5	6	Nelson Pl. 3	L5	9	North Bughtlin Cotts. 4	D5	5
Mossgiel Walk 16	N9	28	*Dublin Meuse*			*North Bughtlin Rd.*		
Robert Burns Dri.			Nelson St. 3	L5	9	North Bughtlin Gate 4	D5	5
Moston Ter. 9	M8	17	Netherby Rd. 5	K3	8	North Bughtlin Pk. 12	D6	5
Mound Pl. 1	L6	17	Nether Craigour 16	O9	28	North Bughtlinrigg. 4	D5	5
Mound, The. 2	L6	17	Nether Currie Cres. 14	D11	23	North Bughtlin Rd. 4	D5	5
Mountcastle Bk. 8	P6	19	Nether Currie Pl. 14	D11	23	North Bughtlinside 4	D5	5
Mountcastle Cres. 8	P6	19	Nether Currie Rd. 14	D11	23	North Cairnton 16	Q5	18
Mountcastle Dri. Nth. 8	P6	19	Nether Liberton 16	N9	28	North Charlotte St. 2	K6	16
Mountcastle Dri. Sth. 15	P6	19	Newbattle Abbey Cres. 22	S14	40	North Clyde St. La. 1	L5	9
Mountcastle Gdns. 8	P6	19	Newbattle Rd. 22	S13	40	Northcote St. 11	J7	16
Mountcastle Grn. 8	P6	19	Newbattle Ter. 10	K8	16	N.E. Circus Pl. 3	K5	8
Mountcastle Gro. 8	P6	19	Newbigging 21	U7	21	N.E. Cumberland St.	L5	9
Mountcastle Loan 8	P6	19	Newbridge 21	U7	21	La. 3		
Mountcastle Park 8	P5	11	New Broughton 3	L5	9	N.E. Thistle St. La. 2	L5	9
Mountcastle Pl. 8	P6	19	Newbyres Av. 23	U17	45	Northfield Av. 8	O6	18
Mountcastle Ter. 8	P6	19	Newcraighall Dr. 21	R8	20	Northfield Broadway 8	P6	19
Mountjoy Ter. 21	U6	21	New Craighall Rd. 15	Q8	19	Northfield Circus 8	O6	18
Mount Grange 9	L8	17	Newhailes Av. 21	T7	21	Northfield Cres. 8	O6	18
Mount Lodge Pl. 15	Q6	19	Newhailes Cres. 21	S7	20	Northfield Dri. 8	P6	19
Mount Vernon Rd. 16	N10	28	Newhailes Rd. 21	T7	21	Northfield Farm Av. 8	P6	19
Mucklets Av. 21	T8	21	Newhaven Pl. 6	L2	9	Northfield Farm Rd. 8	P6	19
Mucklets Cres. 21	T8	21	Newhaven Rd. 6	L3	9	Northfield Gdns. 8	P6	19
Mucklets Court 21	T8	21	Newington Rd. 9	M7	17	Northfield Gro. 8	P6	19
Mucklets Pl. 21	T8	21	New John's Pl. 8	M7	17	Northfield Park 8	P6	19
Mucklets Rd. 21	S8	20	Newkirkgate 6	N3	10	Northfield Pk. Gro. 8	P6	19
Muirend Av. J.G.	F10	24	*Giles St.*			Northfield Rd. 8	O6	18
Muirfields Gdns. 20	O14	38	New La. 6	L3	9	Northfield Sq. 8	P6	19
Burghlee Ter.			Newlands Pk. 9	M8	17	Northfield Ter. 8	O6	18
Muirhouse Av. 4	G4	7	*Mayfield Gdns.*			*Willowbrae Rd.*		
Muirhouse Bank 4	G4	7	New Market Rd. 14	H8	15	North Fort St. 6	M3	9
Muirhouse Cres. 4	G3	7	New Mart Rd. 14	G8	15	North Green 15	Q7	19
Muirhouse Dri. 4	G3	7	Newmills Av. 14	B12	32	North Gyle Av. 12	D7	13
Muirhouse Gdns. 4	G3	7	Newmills Cres. 14	B12	32	North Gyle Dri. 12	D6	13
Muirhouse Grn. 4	G4	7	Newmills Gro. 14	B12	32	North Gyle Farm Ct. 12	D7	13
Muirhouse Gro. 4	G3	7	Newmills Rd. 22	T12	41	North Gyle Farm La. 12	D7	13
Muirhouse Loan 4	G3	7	Newmills Rd. 14	B12	32	North Gyle Gro. 12	D6	13
Muirhouse Medway 4	G4	7	Newmills Ter. 22	T12	41	North Gyle Loan 12	D6	13
Muirhouse Park 4	G4	7	Newport St. 3	K6	16	North Gyle Pk. 12	D6	13
Muirhouse Parkway 4	G3	7	New Skinners Close 1	M6	17	North Gyle Pk. 12	D7	13
Muirhouse Pl. East 4	G4	7	*Blackfriars St.*			North Gyle Rd. 12	D6	13
Muirhouse Pl. West 4	G4	7	New St. 8	M6	17	North Gyle Ter. 12	D7	13
Muirhouse Ter. 4	G4	7	New St. 21	T7	21	North High St. 21	U7	21
Muirhouse View 4	G3	7	New Swanston 13	J11	26	North Hillhousefield 6	M3	9
Muirhouse Way 4	G4	7	Newtoft St. 17	P11	29	North Junction St. 6	M3	9
Muirpark 22	S13	40	Newton Church Rd. 22	Q10	29	Northlawn Ter. 4	F4	6
Muirwood Cres. 14	D11	23	Newton St. 11	J7	16	North Leith Sands 6	M3	9
Muirwood Dri. 14	D11	23	Newton Village 22	R10	30	North Meadow Walk 3	L7	17
Muirwood Gro. 14	D11	23	Nicoll Pl. 6	M3	9	North Park Ter. 4	K5	8
Muirwood Pl. 14	D11	23	Nicolson Sq. 8	M6	17	North Peffer Pl. 16	O7	18
Muirwood Rd. 14	D11	23	Nicolson St. 8	M6	17	North St. Andrew La. 2	L5	9
Mulberry Pl. 6	L3	9	Niddrie Cotts. 15	R8	20	North St. Andrew St. 2	L5	9
Newhaven Rd.			Niddrie Ho. Av. 16	P8	19	North St. David St. 2	L5	9
Munro Dri. 13	G11	25	Niddrie Ho. Dri. 16	Q8	19	North St. James' St. 1	L5	9
Munro Pl. 3	L4	9	Niddrie Ho. Gdns. 16	Q8	19	Northumberland Pl. 3	L5	9
Canonmills			Niddrie Ho. Grn. 16	P8	19	*Dublin Meuse*		
Murano Pl. 7	M5	9	Niddrie Ho. Gro. 16	P8	19	Northumberland Pl. La. 3	L5	9
Murdoch Ter. 11	K7	16	Niddrie Ho. Sq. 16	P8	19	*Dublin Meuse*		
Murieston Cres.11	J7	16	Niddrie Mains Dri. 16	P8	19	Northumberland St. N.	L5	9
Murieston Cres. La. 11	J7	16	Niddrie Mains Rd. 16	P8	19	E. La. 3		
Murieston La. 11	J7	16	Niddrie Mains Ter. 16	P8	19	Northumberland St. N.	L5	9
Murieston Pl. 11	J7	16	Niddrie Marischal Cres.	P8	19	W. La. 3		
Murieston Rd. 11	J7	16	16			Northumberland St. S.	L5	9
Murieston Ter. 11	J7	16	Niddrie Marischal Dri. 16	P8	19	E. La. 3		
Murrayburn App. 14	E9	24	Niddrie Marischal Gdns.	P8	19	Northumberland St. S.	L5	9
Murrayburn Dri. 14	E9	24	16			W. La. 3		
Murrayburn Gdns. 14	F9	24	Niddrie Marischal Gro. 16	Q8	19	Northumberland St. 3	L5	9
Murrayburn Gate 14	E9	24	Niddrie Marischal Loan 16	P8	19	Northumberland St. 3	L5	9
Murrayburn Grn. 14	F9	24	Niddrie Marischal Pl. 16	P8	19	*Northumberland St.*		
Murrayburn Gro. 14	F9	24	Niddrie Marischal Rd. 16	P8	19	Northview Ct. 4	G3	7
Murrayburn Pk. 14	F9	24	Niddrie Marischal St. 16	P8	19	North Way, The. 8	O6	18
Murrayburn Pl. 14	E9	24	Niddrie Mill Av. 15	Q7	19	N.W. Circus Pl. 3	K5	8
Murrayburn Rd. 14	F9	24	Niddrie Mill Cres. 15	Q8	19	N.W. Cumberland St.	L5	9
Murrayfield Av. 12	H6	15	Niddrie Mill Dri. 16	Q8	19	La. 3		
Murrayfield Dri. 12	H6	15	Niddrie Mill Gro. 15	Q8	19	N.W. Thistle St. La. 2	K5	9
Murrayfield Gdns. 12	H6	15	Niddrie Mill Pl. 15	Q7	19	North Wynd Dal.	T12	41
Murrayfield Pl. 12	H6	15	Niddrie Mill Ter. 15	Q8	19	Norton Park 7	N5	10
Coltbridge Av.			Niddry St. 1	L6	17	Norton Rd. 28	A8	12
Murrayfield Rd. 12	H6	15	Niddry St. Sth. 1	M6	17	Nottingham Ter. 1	M5	9
Murray Green 12	E7	14	*Cowgate*			*Nottingham Pl.*		
Murray Pl. 12	F7	14	Nigel Loan 16	N10	28	Oak La. 10	F5	6
Musselburgh Rd. 15	R6	20	Nile Gro. 10	K8	16	Oakville Ter. 6	N4	10
Musselburgh Rd. 22	T12	41	Ninth St. 22	T15	45	Observatory Grn. 9	M9	27
Myredale 19	R15	44	Nisbet Ct. 7	N4	10	Observatory Rd. 9	M9	27
Myreside Rd. 10	J8	16	Niven's Knowe Rd. 20	N14	38	Ochiltree Gdns. 16	O9	28
Myrtle Gro. 22	U14	41	Noble Pl. 6	N4	10	Ogilvie Ter. 11	J8	16
Myrtle Ter. 11	J7	16	North Bank St. 1	L6	17	Old Assembly Clo. 1	L6	17
						High St.		

Name	Grid	Page
Old Broughton 3	L5	9
Old Burdiehouse Rd. 1	N12	38
Old Church La. 15	O7	18
Old Craighall Rd.	S10	30
Old Dalkeith Rd. 16	N8	18
Old Edinburgh Rd. 22	S12	40
Old Farm Av. 13	H10	25
Old Farm Pl. 13	G10	25
Old Fishmarket Clo. 1	L6	17
(Cowgate)		
Old Kirk Rd. 12	F6	14
Old Mill La. 16	N9	28
Old Tolbooth Wynd 8	M6	17
Orchard Bank 4	J5	8
Orchard Brae 4	J5	8
Orchard Brae Av. 4	J5	8
Orchard Brae Gdns. 4	J5	8
Orchard Brae Gdns. W. 4	J5	8
Orchard Brae West 4	J5	8
Orchard Brae		
Orchard Cres.4	J5	8
Orchard Dri. 4	H5	7
Orchardfield Av. 12	E7	14
Orchardfield La. 6	M4	9
Orchardfield Pl. 12	E7	14
High St.		
Orchard Gro. 4	J5	8
Orchard Rd.		
Orchardhead Loan 16	N10	28
Orchardhead Rd. 16	N10	28
Orchard Pl. 4	J5	8
Orchard Rd. 4	J5	8
Orchard Rd. Sth. 4	H4	7
Orchard Ter. 4	J5	8
Orchard Toll 4	J5	8
Orchard View 22	R13	40
Ormelie Ter. 15	R6	20
Ormidale Ter. 12	H6	15
Ormiston Ter. 12	E7	14
Orwell Pl. 11	J7	16
Orwell Ter. 11	J7	16
Osborne Ter. 12	J6	16
Oswald Court 9	L8	17
Oswald Rd. 9	L8	17
Oswald Ter. 12	E7	14
Otterburn Pk. 14	G9	25
Oxford St. 8	M7	17
Oxford Ter. 4	K5	8
Oxgangs Av. 13	J10	26
Oxgangs Bank 13	J11	26
Oxgangs Brae 13	J11	26
Oxgangs Broadway 13	J11	26
Oxgangs Bank		
Oxgangs Cres. 13	J10	26
Oxgangs Farm Av. 13	J11	26
Oxgangs Farm Dri. 13	J11	26
Oxgangs Farm Gdns. 13	J11	26
Oxgangs Farm Gro. 13	J11	26
Oxgangs Farm Loan 13	J11	26
Oxgangs Farm Ter. 13	J11	26
Oxgangs Gdns. 13	J10	26
Oxgangs Grn. 13	J10	26
Oxgangs Gro. 13	J10	26
Oxgangs Hill 13	J10	26
Oxgangs Ho. 13	J10	26
Oxgangs Loan 13	J10	26
Oxgangs Medway 13	J11	26
Oxgangs Park 13	J11	26
Oxgangs Path 13	J11	26
Oxgangs Path E 13	J11	26
Oxgangs View		
Oxgangs Pl. 13	J10	26
Oxgangs Rise 13	J10	26
Oxgangs Rd. 10	K11	26
Oxgangs Rd. 13	J11	26
Oxgangs Rd. Nth. 13	H10	25
Oxgangs Row 13	J11	26
Oxgangs St. 13	J11	26
Oxgangs Ter. 13	J11	26
Oxgangs View 13	J11	26
Paddockholm, The, 12	F7	14
Paisley Av. 8	O6	18
Paisley Cres. 8	O6	18
Paisley Dri. 8	O6	18
Paisley Gdns. 8	O6	18
Paisley Gro. 8	O6	18
Paisley Ter. 8	O6	18
Palmer Pl. 14	C12	33
Palmer Rd. 14	C11	23
Palmerston Pl. 12	K6	16
Palmerston Pl. La. 12	K6	16
Palmerston Pl.		
Palmerston Rd. 9	L7	17
Pankhurst Loan 22	U12	41
Woodburn Ter.		
Panmure Pl. 3	L7	17
Paradykes Av. 20	N14	38
Park Av. 15	Q6	19
Park Av. 20	N14	38
Park Ct. 10	J9	26
Park Cres. 16	N10	28
Park Cres. 19	Q14	39
Park Cres. 20	N14	38
Park Cres. 22	U14	41
Parker Av. 7	P5	11
Parker Rd. 7	P5	11
Parker Ter. 7	P5	11
Park Gdns. 16	N10	28
Park Gro. 16	N10	28
Parkgrove Av. 4	E5	6
Parkgrove Bank 4	E5	6
Parkgrove Cres. 4	E5	6
Parkgrove Dri. 4	D5	5
Parkgrove Gdns. 4	E5	6
Parkgrove Grn. 4	E5	6
Parkgrove Loan 4	E5	6
Parkgrove Neuk 4	E5	5
Parkgrove Pl. 4	E5	6
Parkgrove Rd. 4	E5	6
Parkgrove Row 4	E5	6
Parkgrove St. 4	E5	6
Parkgrove Ter. 4	E5	6
Parkgrove View 4	E5	6
Parkhead Av. 11	F9	24
Parkhead Cres. 11	F9	24
Parkhead Dri. 11	F9	24
Parkhead Gdns. 11	F9	24
Parkhead Gro. 11	F9	24
Parkhead Loan 11	F9	24
Parkhead Pl. 11	F9	24
Parkhead Pl. 22	U14	41
Parkhead St. 11	F9	24
Parkhead Ter. 11	F9	24
Parkhead View 11	F9	24
Park Pl. 6	L3	9
Park Rd. 6	L3	9
Park Rd. 19	Q14	39
Park Rd. Eskbank, 22	S13	40
Park Rd. Newton Grange 22	T15	45
Parkside Pl. 22	T12	41
Parkside St. 8	M7	17
Parkside Ter. 16	M7	17
Parkvale Pl. 6	N4	10
Park View 20	N14	38
Park View 21	R8	20
Parliament Pl. 6	M3	9
Parliament St.		
Parliament Sq. 1	L6	17
Parliament St. 6	M3	9
Parrotshot 15	Q7	19
Parsons' Grn. Ter. 8	O5	10
Parsons Pool 19	R15	44
Patie's Rd. 14	H10	25
Patriothall 3	K5	8
Hamilton Pl.		
Pattison St. 6	N3	10
Paulsfield 7	L4	9
Bonnyhaugh		
Peacock Ct. 6	L2	9
Newhaven Pl.		
Peacocktail Close 15	Q8	19
Pearce Av. 12	E6	14
Pearce Gro. 12	E6	14
Pearce Rd. 12	E6	14
Peatville Gardens 14	G9	25
Peatville Ter. 14	G9	25
Peel Ter. 9	M8	17
Peffer Bank 16	O8	18
Peffermill House. 16	O8	18
Peffermill Rd. 16	N8	18
Peffer Pl. 16	O8	18
Peffer St. 16	O8	18
Peggy's Mill Rd. 4	D4	5
Peggy's Pl. 4	F4	6
Corbiehill Rd.		
Pembroke Pl. 12	J6	16
Pendreich Av. 19	R14	40
Pendreich Dri. 19	R14	40
Pendreich Gro. 19	R14	40
Pendreich Ter. 19	R14	40
Penicuik Rd. 25	N16	42
Pennywell Cotts. 5	G3	7
W. Granton Rd.		
Pennywell Ct. 4	G3	7
Pennywell Gdns. 4	G3	7
Pennywell Gro. 4	G3	7
Pennywell Medway 4	G3	7
Pennywell Pl. 4	G3	7
Pennywell Rd. 4	G3	7
Pennywell Villas 4	G3	7
W. Granton Rd.		
Pennywell Villas Cotts. 4	G3	7
Pentecox 16	P9	29
Pentland Av. 13	G10	25
Pentland Av. 14	C12	33
Pentland Av. 23	T16	45
Pentland Cres. 10	K10	26
Pentland Cres. 24	O16	42
Pentland Dri. 10	K11	26
Pentland Gdns. 10	K10	26
Pentland Gro. 10	K10	26
Pentland Pl. 14	C12	33
Pentland Rd. 10	N14	38
Pentland Rd. 13	G10	25
Pentland Rd. 19	P15	43
Pentland Ter. 10	K10	26
Pentland View 10	K11	26
Pentland View 14	C12	33
Pentland View 22	U13	41
Pentland View Court 14	C12	33
Perth St. 3	K5	8
Pettigrew's Clo. 22	T12	41
South St.		
Peveril Ter. 16	N10	28
Picardy Pl. 1	L5	9
Pier Pl. 6	L2	9
Piersfield Gro. 8	O5	10
Piersfield Pl. 8	O5	10
Piersfield Ter. 8	O5	10
Piershill La. 8	O5	10
Piershill Pl. 8	O5	10
Piershill Sq. East 8	O5	10
Piershill Sq. West 8	O5	10
Piershill Ter. 8	O5	10
Pilrig Cotts. 6	M4	9
Pilrig Gdns. 6	M4	9
Pilrig House Cl. 6	M4	9
Bonnington Rd.		
Pilrig Pl. 6	M4	9
Pilrig St.		
Pilrig St. 6	M4	9
Pilton Av. 5	J3	8
Pilton Cres. 5	J3	8
Pilton Dri. 5	J3	8
Pilton Dri. Nth. 5	J3	8
Pilton Gdns. 5	J3	8
Pilton Loan 5	J3	8
Pilton Park 5	J3	8
Pilton Pl. 5	J3	8
Pinkie Rd. 21	U7	21
Pipe Lane 15	Q5	11
Pipe St. La. 15	Q5	11
Pipe St. 15	Q5	11
Pirniefield Gdns. 6	O4	10
Pirniefield Gro. 6	O4	10
Pirniefield Pl. 6	O4	10
Pirniefield Ter. 6	O4	10
Pirrie St. 6	M4	9
Pitlochry Pl. 7	N5	10
Carlyle Pl.		
Pitsligo Rd. 10	K8	16
Pitt St. 6	M3	9
Pittville St. La. 15	Q6	19
Pittville St. 15	Q6	19
Place Charente 22	U13	41
Pleasance 8	M6	17
Plewlands Av. 10	J9	26
Plewlands Ct. 10	J9	26
Plewlands Gdns. 10	J9	26
Plewlands Ter. 10	J9	26
Pleydell Pl. 16	N10	28
Polton Av. Rd. 19	P15	43
Polton Bank 18	P15	43
Polton Cotts. 18	O15	42
Polton Gdns. 19	Q14	39
Polton Rd. 18	P15	43
Polton Rd. 19	P15	43
Polton Rd. 20	O14	38
Polton St. 19	Q15	43
Polton Ter. 18	Q14	39
Polwarth Cres. 11	K7	16
Polwarth Gdns. 11	J7	16
Polwarth Gro. 11	J7	16
Polwarth Park 11	J7	16

Name		
Polwarth Pl. 11	J7	16
Polwarth Ter. 11	J8	16
Ponton St. 3	K7	16
Poplar La. 6	N3	10
Poplar Ter. 19	Q15	43
Porterfield Rd. 4	J4	8
Portgower Pl. 4	K5	8
Portland Pl. 6	M3	9
Lindsay Rd.		
Portland St. 6	M3	9
Portland Ter. 6	M3	9
Nth. Junction St.		
Portobello High St. 15	Q5	11
Portobello Rd. 7	O5	10
Portsburgh Sq. 1	L6	17
West Port		
Potterrow 8	L6	17
Potterrow Port 8	L6	17
Lothian St.		
Poulton St. 22	S13	40
Povert Rd. 23	S17	44
Prestonfield Av. 16	N8	18
Prestonfield Cres. 16	N8	18
Prestonfield Gdns. 16	N8	18
Prestonfield Rd. 16	N8	18
Prestonfield Ter. 16	N8	18
Prestonhall Cres. 24	O16	42
Preston St. 24	O17	42
Priestfield Av. 16	N8	18
Priestfield Cres. 16	N8	18
Priestfield Gdns. 16	N8	18
Priestfield Gro. 16	N7	18
Priestfield Rd. 16	N7	18
Priestfield Rd. Nth. 16	N7	18
Primrose Bank Rd. 5	K3	8
Primrose Cres. 22	U13	41
Primrose St. 6	N4	10
Primrose Ter. 11	J7	16
Prince Albert Blds. 8	M6	17
Waterston Av.		
Prince Regent St. 6	M3	9
Princes St. 2	K6	16
Promenade 15	Q5	11
Promenade 21	T6	21
Promenade Ter. 15	Q5	11
Prospect Bank 3	L5	9
Prospect Bank Cres. 6	Q4	11
Prospect Bank Gdns. 6	N4	10
Prospect Bank Gro. 6	O4	10
Prospect Bank Pl. 6	O4	10
Prospect Bank Rd. 6	N4	10
Prospect Bank Ter. 6	O4	10
Pryde Av. 19	Q14	39
Pryde Ter. 19	Q14	39
Quality St. La. 4	F4	6
Quality St. 4	F4	6
Quarry Clo. 8	M7	17
West Crosscauseway		
Quarry Cotts. 15	Q8	19
Quarryfoot Gdns. 19	Q14	39
Quarryfoot Pl. 19	Q14	39
Quarry Howe 14	B13	32
Deanpark Brae		
Quayside St. 6	M3	9
Queen Charlotte La. 6	N3	10
Queen Charlotte St.		
Queen Charlotte St. 6	N3	10
Queen St. Gdns. East 3	L5	9
Queen St. Gdns. West 3	L5	9
Queen's Av. 4	G5	7
Queen's Av. South 4	H5	7
Queen's Bay Cres. 15	R6	20
Queen's Cres. 9	M8	17
Queen's Dri. 8	N6	18
Queensferry Rd. 4	D4	5
Queensferry Rd. 4	H5	7
Queensferry St. La. 2	K6	16
Queensferry St. 2	K6	16
Queensferry Ter. 4	J5	8
Queen's Gdns. 4	H5	7
Queen's Park Av. 8	N5	10
Queens Park Ct. 8	O5	10
Queen's Pl. 1	M5	9
Queen's Rd. 4	H5	7
Queen St. 2	K5	8
Queen's Walk 16	P8	19
Raeburn Mews 4	K5	8
Raeburn Pl. 4	K5	8
Raeburn St. 4	K5	8
Raes Blds. 8	M6	17
Holyrood Rd.		
Raes Gdns. 19	Q14	39
Ramsay La. 1	L6	17
Ramsay Pl. 15	Q5	11
Ramsay Row 6	L2	9
Main St.		
Ramsay Sq. 6	L2	9
Main St.		
Ramsay Ter. 19	P15	43
Ramsey Gdns. 1	L6	17
Ramsey Sq. 20	O14	38
Randolph Cliff 3	K6	16
Randolph Cres. 3	K6	16
Randolph La. 3	K6	16
Randolph Pl.	K6	16
Rankeillor St. 8	M7	17
Rankin Av. 9	M9	27
Rankin Dri. 9	M9	27
Rankin Rd. 9	M8	17
Rannoch Gro. 10	E5	6
Rannoch Pl. 10	E5	6
Rannoch Rd. 4	E5	6
Rannoch Ter. 4	E5	6
Ransome Gdns. 12	E5	6
Ratcliffe Ter. 9	M8	17
Rathbone Pl. 15	Q5	11
Ravelrig Rd. 27	A12	32
Ravelrig Pk. 14	A13	32
Ravleston Ct. 12	H6	15
Ravelston Dykes 12	H6	15
Ravelston Dykes La. 12	G6	15
Ravelston Dykes Rd. 4	G5	7
Ravelston Gdns. 4	H6	15
Ravelston Heights 4	H5	7
Ravelston House Gro. 4	H5	7
Ravelston House Loan 4	H5	7
Ravelston House Park 4	H5	7
Ravelston House Rd. 4	H5	7
Ravelston Park 4	J6	16
Ravelston Pl. 4	J6	16
Belford Rd.		
Ravelston Rise. 4	H6	15
Ravelston Ter. 4	J5	8
Ravenscroft Gdns. 17	P11	29
Ravenscroft Pl. 17	P11	29
Ravenscroft St. 17	P11	29
Ravenswood Av. 16	N9	28
Redbraes Gro. 7	L4	9
Redbraes Pl. 7	L4	9
Redford 13	H11	25
Redford Av. 13	G11	25
Redford Bank 13	H11	25
Redford Cres. 13	H11	25
Redford Dri. 13	G11	25
Redford Gdns. 13	H11	25
Redford Gro. 13	H10	25
Redford Loan 13	G11	25
Redford Neuk 13	H11	25
Redford Pl. 13	H10	25
Redford Rd. 13	H11	25
Redford Ter. 13	H11	25
Redford Walk 13	H11	25
Redgauntlet Ter. 16	O9	28
Redhall Av. 14	G9	25
Redhall Bank Rd. 14	G9	25
Redhall Cres. 14	G9	25
Redhall Dri. 14	G9	25
Redhall Gdns. 14	G9	25
Redhall Gro. 14	G9	25
Redhall Ho. Dri. 14	G9	25
Redhall Pl. 14	G9	25
Redhall Rd. 14	G9	25
Redhall View 14	G9	25
Red Row Currie	C12	33
Reed Dr. 22	T15	45
Regent Pl. 7	N5	10
Regent Rd. 7	M5	9
Regent St. La. 15	Q6	19
Regent St. 15	Q6	19
Regent Ter. 7	M5	9
Regis Ct. 4	D4	5
Register Pl. 2	L5	9
Reid's Clo. 8	M6	17
Reid's Ct. 8	M6	17
Reid Ter. 3	K5	8
Relugas Gdns. 9	M8	17
Relugas Pl. 9	M8	17
Relugas Rd. 9	M8	17
Research Park Rd. 14	C10	23
Restalrig Av. 7	O5	10
Restalrig Circus 7	O4	10
Restalrig Cres. 7	O4	10
Restalrig Dri. 7	O5	10
Restalrig Gdns. 7	O5	10
Restalrig House 7	O5	10
Restalrig Pk. 7	N4	10
Restalrig Rd. 6	N4	10
Restalrig Rd. Sth. 7	O5	10
Restalrig Sq. 7	O4	10
Restalrig Ter. 6	N4	10
Riccarton Av. 14	C11	23
Riccarton Cres. 14	D11	23
Riccarton Dri. 14	C11	23
Riccarton Gro. 14	D11	23
Riccarton Mains Rd. 14	D10	23
Richmond La. 8	M6	17
Richmond Pl. 8	M6	17
Richmond Ter. 11	K6	16
Riding Park 4	D4	5
Riego St. 3	K6	16
Rillbank Cres. 9	L7	17
Rillbank Ter. 9	L7	17
Ringwood Pl. 16	N10	28
Rintoul Pl. 3	K5	8
Riselaw Cres. 10	K10	26
Riselaw Pl. 10	K10	26
Riselaw Rd. 10	K10	26
Riselaw Ter. 10	K10	26
Ritchie Pl. 11	J7	16
Riversdale Cres. 12	H7	15
Riversdale Gro. 12	H6	15
Riversdale Rd. 12	H7	15
Riverside 4	D2	5
Riverside Gdns. 21	T7	21
Roanshead Rd. 22	U14	41
Robb's Loan 14	H8	15
Robb's Loan Gro. 14	H8	15
Robert Burns Dr. 16	N9	28
Robert Burns Mews 22	U12	41
Woodburn Ter.		
Robertson Av. 11	H7	15
Robertson's Clo. 1	M6	17
Cowgate		
Robertons' Ct. 8	M6	17
Rocheid 5	J4	8
Rocheid Path 3	K4	8
Rochester Ter. 10	K8	16
Rockville Ter. 19	Q14	39
Roddinglaw Rd. 28	A8	12
Rodney St. 7	L5	9
Ronaldson's Wharf 6	M3	9
Bridge St.		
Rosebank Cotts. 3	K6	16
Rosebank Gdns. 5	K3	8
Rosebank Gro. 5	K3	8
Rosebank Rd. 5	K3	8
Rosebery Cres. 12	J6	61
Rosebery Cres. La. 12	J6	16
Rosebery Cres.		
Roseburn Av. 12	H7	15
Roseburn Cliff 12	J6	16
Roseburn Cres. 12	H6	15
Roseburn Dri. 12	H6	15
Roseburn Gdns. 12	H6	15
Roseburn Pl. 12	H6	15
Roseburn St. 12	H7	15
Roseburn Ter. 12	H6	15
Rosefield Av. 15	Q6	19
Rosefield Av. La. 15	Q6	19
Rosefield Av.		
Rosefield La. 15	Q6	19
Rosefield Av.		
Rosefield Pl. 15	Q6	19
Rosefield St. 15	Q6	19
Rosemount Blds. 3	K6	16
Roseneath Pl. 9	L7	17
Marchmont Cres.		
Roseneath Pl. 9	L7	17
Roseneath Ter.		
Roseneath St. 9	L7	17
Roseneath Ter. 9	L7	17
Rose Park 5	K3	8
Rose St. Nth. La. 2	K6	16
Rose St. Sth. La. 2	K6	16
Rose St. 2	K6	16
Rosevale Pl. 6	N4	10
Rosevale Ter. 6	N4	10
Roseville Gdns. 5	L3	9
Ross Gdns. 9	M8	17
Rossie Pl. 7	N5	10
Rosslyn Cres. 6	M4	9
Rosslyn Ter. 6	M4	9
Ross Pl. 9	M8	17

Name	Ref	Page
Ross Rd. 16	M9	27
Rothesay Mews 3	J6	16
Rothesay Pl. 3	K6	16
Rothesay Pl. 21	U7	21
Rothesay Ter. 3	K6	16
Roull Gro. 12	E7	14
Roull Pl. 12	F7	14
Roull Rd. 12	E7	14
Rowallan Ct. 12	D6	13
(Craigievar Wynd)		
Rowan Gdns. 19	Q15	43
Rowan Tree Av. 14	C12	33
Rowan Tree Gro. 14	C12	33
Rowan Tree Pl. 14	C12	33
Roxburgh Pl. 8	M6	17
Roxburgh St. 8al M6		17
Roxburgh Ter. 8	M6	17
Drummond St.		
Royal Circus 3	K5	8
Royal Cres. 3	L5	9
Royal Park Pl. 8	N5	10
Royal Park Ter. 8	N5	10
Royal Ter. 7	M5	9
Royston Mains Av. 5	H3	7
Royston Mains Cres. 5	H3	7
Royston Mains Gdns. 5	J3	8
Royston Mains Grn. 5	J3	8
Royston Mains Pl. 5	H3	7
Royston Mains Rd. 5	J3	8
Royston Mains St. 5	H3	7
Royston Ter. 3	K4	8
Russell Pl. 5	K3	8
Russell Rd. 11	J6	16
Rustic Cotts. 13	G10	25
Colinton Rd.		
Rutherford Dri. 16	N9	28
Rutland Ct. 3	K6	16
Rutland Pl. 1	K6	16
West End		
Rutland Sq. 1	K6	16
Rutland St. 1	K6	16
Ryehill Av. 6	N4	10
Ryehill Gdns. 6	N4	10
Ryehill Gro. 6	N4	10
Ryehill Pl. 6	N4	10
Ryehill Ter. 6	N4	10
Saddletree Loan 16	O9	28
Dundrennan Cotts.		
St. Alban's Rd. 9	L8	17
St. Andrew's Pl. 6	N4	10
St. Andrew Sq. 2	L5	9
St. Andrew's Sq. 6	L2	9
St. Andrew's St. 22	T12	41
St. Ann's Av. 19	P15	43
St. Anthony Ct 6	M3	9
St Anthony St		
St. Anthony Pl. 6	M3	9
Henderson St.		
St. Anthony St. 6	M3	9
St. Barnabas Ct. 17	P10	29
St. Bernard's Cres. 4	K5	8
St. Bernard's Pl. 3	K5	8
Saunders St.		
St. Bernard's Row 4	K5	8
St. Catherine's Gdns. 12	G7	15
St. Catherine's Pl. 9	M7	17
St. Clair Av. 6	N4	10
St. Clair Cres. 25	N16	42
St. Clair Pl. 6	N4	10
St. Clair Rd. 6	N4	10
St. Clair St. 6	N4	10
St. Clair Ter. 10	N9	26
St. Colme St. 3	K6	16
St. David's Pl. 3	K6	16
Morrison St.		
St. David's Ter. 3	K6	16
St. Fillan's Ter. 10	K9	26
St. Giles' St. 1	L6	17
St. James' Pl. 1	L5	9
St. John's Av. 12	F7	14
St. John's Cres. 12	F7	14
St. John's Gdns. 12	F7	14
St. John's Hill 8	M6	17
St. John's Pl. 8	M6	17
Holyrood Rd.		
St. John's Rd. 12	E7	14
St. John's Ter. 12	F7	14
St. John St. 8	M6	17
St. Katherine's Cres. 16	N11	28
St. Katherine's Loan 16	N11	28
St. Katherine's Brae 16	N11	28
St. Leonard's Bank 8	M7	17
St. Leonard's Hill 8	M7	17
St. Leonard's La. 8	M7	17
St. Leonard's St. 8	M7	17
St. Margaret's Rd. 9	K8	16
St. Mark's Pl. 15	Q6	19
St. Mary's Pl. 15	R6	20
St. Mary's St. 1	M6	17
St. Michaels Av. 21	U7	21
St. Ninian's Dr. 12	E6	14
St. Ninian's Rd. 12	E6	14
St. Ninian's Ter. 10	J9	26
St. Patrick Sq. 8	M7	17
St. Patrick St. 8	M7	17
St. Peter's Blds. 3	K7	16
Gilmore Pl.		
St. Peter's Pl. 3	K7	16
Viewforth		
St. Ronan's Ter. 10	K9	26
St. Stephen Pl. 3	K5	8
St. Stephen St. 3	K5	8
St. Thomas Rd. 9	L8	17
St. Vincent St. 3	K5	8
Salamander Pl. 6	N3	10
Salamander St. 6	N3	10
Salamander St. 6	N4	10
Claremont Park		
Salisbury Pl. 9	M7	17
Salisbury Rd. 16	M7	17
Salisbury Sq. 8	M6	17
Salisbury St.		
Salisbury St. 8	M6	17
Salmond Pl. 7	N5	10
Salter's Rd. Dal. 22	U12	41
Salvesen Cres. 4	G3	7
Salvesen Gdns. 4	G3	7
Salvesen Gro. 4	G3	7
Salvesen Ter. 4	G3	7
Sandford Gdns. 15	Q6	19
Sandport 6	N3	10
Dock Pl.		
Sandport Pl. 6	M3	9
Sandport St. 6	M3	9
Sauchie Bank 11	J7	16
Saughton Av. 11	H8	15
Saughton Cres. 12	G7	15
Saughton Gdns. 12	G7	15
Saughton Gro. 12	G7	15
Saughtonhall Av. 12	H7	15
Saughtonhall Av. West 12	G7	15
Saughtonhall Circus 12	H7	15
Saughtonhall Cres. 12	G7	15
Saughtonhall Dri. 12	G7	15
Saughtonhall Gdns. 12	H7	15
Saughtonhall Gro. 12	H7	15
Saughtonhall Pl. 12	G7	15
Saughtonhall Ter. 12	H7	15
Saughton Loan 12	G7	15
Saughton Mains Av. 11	F8	14
Saughton Mains Dri. 11	F8	14
Saughton Mains Gdns. 11	F8	14
Saughton Mains Gro. 11	G8	15
Saughton Mains Loan 11	F8	14
Saughton Mains Park 11	F8	14
Saughton Mains Pl. 11	F8	14
Saughton Mains St. 11	F8	14
Saughton Mains Ter. 11	F8	14
Saughton Park 12	G7	15
Saughton Rd. 11	F8	14
Saughton Rd. Nth. 12	F7	14
Saunders St. 3	K5	8
Savile Pl. 9	M8	17
Savile Ter. 16	M8	17
Saxe Coburg Pl. 3	K5	8
Saxe Coburg St. 3	K5	8
School Brae 4	D3	5
School Brae 18	Q13	39
School Green 18	Q13	39
Sciennes 9	M7	17
Sciennes Gdns. 9	M7	17
Sciennes Hill Pl. 9	M7	17
Sciennes		
Sciennes House Pl. 9	M7	17
Sciennes Pl. 9	M7	17
Sciennes		
Sciennes Rd. 9	L7	17
Sciennes St. East 9	M7	17
Causewayside		
Scollon Av. 19	R14	40
Scone Gdns. 8	O5	10
Scotland St. 3	L5	9
Seacot 6	O4	10
Seafield 6	O4	10
Seafield Av. 6	O4	10
Seafield Pl. 6	O4	10
Claremont Park		
Seafield Rd. 6	O4	10
Seafield Rd. East 15	P4	11
Seafield St. 6	O4	10
Seafield Way 7	P4	11
Seaforth Dri. 4	H5	7
Seaforth Ter. 19	P15	43
Seaport St. 6	N3	10
Seaview Cres. 15	R6	20
Seaview Ter. 15	R6	20
Second Gate 14	C10	23
Second St. 15	T16	45
Semple St. 3	K6	16
Seton Pl. 9	M7	17
Seventh St. 15	T15	45
Shadepark Cres. 22	T12	41
Shadepark Dri. 22	T12	41
Shadepark Gdns. 22	T12	41
Shaftesbury Park 11	J8	16
Shandon Cres. 11	J8	16
Shandon Pl. 11	J8	16
Shandon Rd. 11	J8	16
Shandon St. 11	J8	16
Shandon Ter. 11	J8	16
Shandwick Pl. 2	K6	16
Shanter Way 16	N9	28
Cumnor Cres.		
Sharpdale 16	N8	18
Dalkeith Rd.		
Sharpdale Loan 16	N9	18
Shawfair Rd. 22	R9	30
Shaw Pl. 22	U14	41
Shaw's Pl. 7	M4	9
Shaw's Sq. 1	M5	9
Gayfield Sq.		
Shaw's St. 7	M4	9
Shaw's Pl.		
Shaw's Ter. 7	M4	9
Sheriff Brae 6	M3	9
Sherwood Av. 19	R15	44
Sherwood Cotts. 19	R15	44
Sherwood Ct. 19	R15	44
Sherwood Cres. 19	R15	44
Sherwood Dri. 19	R15	44
Sherwood Gro. 19	R15	44
Sherwood Park 19	R15	44
Sherwood Pl. 19	R15	44
Sherwood Ter. 19	R15	44
Sherwood Vw. 19	R15	44
Shore 6	N3	10
Shore Pl. 6	N3	10
Shorthope St. 21	U7	21
Shrub Pl. 7	M5	9
Shrub Pl. La. 7	M5	9
Shrub Pl.		
Sighthill Av. 11	F9	24
Sighthill Bank 11	E9	24
Sighthill Ct. 11	E9	24
Sighthill Cres. 11	E9	24
Sighthill Dri. 11	E9	24
Sighthill Gdns. 11	E9	24
Sighthill Grn. 11	E9	24
Sighthill Gro. 11	F9	24
Sighthill Loan 11	E9	24
Sighthill Neuk 11	E9	24
Sighthill Park 11	E9	24
Sighthill Pl. 11	E9	24
Sighthill Rise 11	E9	24
Sighthill Rd. 11	E9	24
Sighthill St. 11	E9	24
Sighthill Ter. 11	E9	24
Sighthill View 11	E9	24
Sighthill Wynd 11	E9	24
Silverknowes Av. 4	F4	6
Silverknowes Bank 4	F4	6
Silverknowes Brae 4	F4	6
Silverknowes Ct. 4	F4	6
Silverknowes Cres. 4	F4	6
Silverknowes Dell 4	F4	6
Silverknowes Dri. 4	F4	6
Silverknowes Eastway 4	F4	6
Silverknowes Gdns. 4	F3	6
Silverknowes Grn. 4	G4	7
Silverknowes Gro. 4	F3	6
Silverknowes Hill 4	F4	6
Silverknowes Loan 4	F4	6
Silverknowes Midway 4	G4	7

Street	Grid	Page
Silverknowes Neuk 4	G4	7
Silverknowes Parkway 4	F3	6
Silverknowes Pl. 4	F3	6
Silverknowes Rd. 4	F3	6
Silverknowes Rd. East 4	F4	6
Silverknowes Rd. South, 4	F4	6
Silverknowes Southway 4	G4	7
Silverknowes Ter. 4	F4	6
Silverknowes View 4	G4	7
Simon Sq. 8	M6	17
Sixth St. 15	T15	45
Slaeside 14	B13	32
Deanpark Brae		
Slateford Rd. 14	H9	25
Sleigh Dri. 7	N5	10
Sleigh Gdns. 7	O5	10
Sloan St. 6	M4	9
Smithfield St. 11	H7	15
Smith's Pl. 6	M4	9
Smithy Green Av. 22	Q10	29
Society 1	L6	17
Chambers St.		
Solicitor's Blds. 1	L6	17
Cowgate		
Somerset Pl. 6	N4	10
South Bridge 1	L6	17
South Charlotte St. 2	K6	16
South Clerk St. 8	M7	17
South College St. 8	L6	17
S.E. Circus Pl. 3	K5	8
S.E. Cumberland St. La. 3	L5	9
S.E. Thistle St. La. 2	L5	9
South Ettrick Rd. 10	J8	16
Southfield Bank 15	P7	19
Southfield Farm Gro. 15	P6	19
Southfield Gdns. East 15	P6	19
Southfield Gdns. West 15	P7	19
Southfield Loan 15	P7	19
Southfield Pl. 15	Q6	19
Southfield Pl. Nth. 15	P7	19
Southfield Sq.		
Southfield Pl. Sth. 15	P7	19
Southfield Sq.		
Southfield Rd. East 15	P7	19
Southfield Rd. West 15	P7	19
Southfield Sq. 15	P7	19
Southfield Ter. 15	P7	19
Southfield Villas 15	Q6	19
Stanley St.		
South Fort St. 6	M3	9
South Gillsland Rd. 10	J8	16
South Gray's Clo. 1	L6	17
South Gray St. 9	M8	17
South Groathill Av. 4	H5	7
South Gyle Access 12	E8	14
South Gyle Broadway 12	D7	13
South Gyle Cres. 12	D8	13
South Gyle Gdns. 12	D7	13
South Gyle Loan 12	D7	13
South Gyle Mains 12	D7	13
South Gyle Park 12	D7	13
South Gyle Rd. 12	D7	13
South Gyle Wynd 12	E8	14
Southhouse Av. 17	N11	28
Southhouse Broadway 17	N12	38
Southhouse Cres. 17	N12	38
Southhouse Gdns. 17	N12	38
Southhouse Gro. 17	N12	38
Southhouse Medway 17	N11	28
Southhouse Rd. 17	N12	38
Southhouse Sq. 17	N11	28
Southhouse Ter. 17	O11	28
South Lauder Rd. 9	M8	17
South Laverockbank Av. 5	L3	9
South Learmonth Av. 4	J5	8
South Learmonth Gdns. 4	J5	8
South Lorne Pl. 6	M4	9
South Maybury Cres. 12	D7	13
West Craigs		
South Meadow Walk 9	L7	17
South Mellis Park 8	O6	18
South Morden St. 15	R6	20
South Oswald Rd. 9	L8	17
South Park 6	L3	9
South St. Andrew St. 2	L5	9
South St. David St. 2	L6	17
South Sloan St. 6	M4	9
South St. 21	T7	21
South St. 22	T12	41
South Trinity Rd. 5	K3	8
S.W. Cumberland St. La. 3	L5	9
S.W. Thistle St. La. 2	L5	9
Soutra Ct. 17	N11	28
Spalding Cres. 22	T12	41
Spencer Pl. 5	K3	8
Spence St. 9	M7	17
Spey St. Mews 7	M4	9
Spey St. 7	M4	9
Spiers Pl. 6	M3	9
Spinney, The, 17	O11	28
Spittalfield Cres. 8	M7	17
St. Leonard's St.		
Spittal St. 3	K6	16
Spottiswoode Rd. 9	L7	17
Spottiswoode St. 9	L7	17
Springfield Av. 25	N16	42
Springfield Blds. 6	M4	9
Springfield St.		
Springfield St. 6	M4	9
Spring Gdns. 8	N5	10
Springvalley Gdns. 10	K8	16
Springvalley Ter. 10	K8	16
Springwell Pl. 11	J7	16
Springwood Park 16	N10	28
Spylaw Av. 13	F10	24
Spylaw Bank Rd. 13	F10	24
Spylaw House 13	G11	25
Bridge Road		
Spylaw Park 13	F10	24
Spylaw Rd. 10	J8	16
Spylaw St. 13	G11	25
Square, The, 22	Q10	29
Square, The, 22	T15	45
Stable Lane 10	K8	16
Stafford St. 3	K6	16
Stanedykehead 16	M11	27
Stanhope Pl. 12	J6	16
Stanhope Pl. West	J6	16
Stanhope Pl.		
Stanley Pl. 7	N5	10
Stanley Rd. 6	L3	9
Stanley St. 15	Q6	19
Stanwell St. 6	M4	9
Stapeley Av. 7	P5	11
Starbank Rd. 5	L3	9
Stark's Cotts. 13	J10	26
Station Brae 15	Q6	19
Station Loan 14	B12	31
Station Rd. 12	F7	14
Station Rd. 20	O14	38
Station Rd. 21	U7	21
Station Rd. 22	S13	40
Station Rd. 22	T15	45
Station Rd. 25	N16	42
Stead's Pl. 6	M4	9
Steel's Pl. 10	K8	16
Stenhouse Av. 11	G8	15
Stenhouse Av. West. 11	G8	15
Stenhouse Cotts. 11	G8	15
Stenhouse Cres. 11	G8	15
Stenhouse Cross 11	G8	15
Stenhouse Dri. 11	F8	14
Stenhouse Gdns. 11	G8	15
Stenhouse Gdns. Nth. 11	G8	15
Stenhouse Gro. 11	G8	15
Stenhouse Mill Cres. 11	G8	15
Stenhouse Mill La. 11	G8	15
Stenhouse Muir Dri. 11	G8	15
Stenhouse Pl. East 11	G8	15
Stenhouse Pl. West 11	G8	15
Stenhouse Rd. 11	G8	15
Stenhouse St. East 11	G8	15
Stenhouse St. West 11	F8	14
Stenhouse Ter. 11	G8	15
Stevenlaw's Clo. 1	L6	17
High St.		
Stevenson Av. 11	H7	15
Stevenson Dri 11	G8	15
Stevenson Gro. 11	H7	15
Stevenson Pl. 18	O15	42
Stevenson Rd. 11	H7	15
Stevenson Ter. 11	H7	15
Stewart Av. 14	C12	33
Stewart Cres. 14	C12	33
Stewart Gdns. 14	C12	33
Stewart Pl. 14	C12	33
Stewart Rd. 14	C12	33
Stewart Ter. 11	H7	15
Stirling Rd. 5	K3	8
Stobhill Rd. 22	T16	45
Stone Av. 22	U15	45
Stone Pl. 22	U15	45
Stoneybank Av. 21	T8	21
Stoneybank Cres. 21	T8	21
Stoneybank Dri. 21	T8	21
Stoneybank Gdns. 21	T7	21
Stoneybank Gdns. Nth. 21	T7	21
Stoneybank Gdns. Sth. 21	T7	21
Stoneybank Gro. 21	T8	21
Stoneybank Pl. 21	T8	21
Stoneybank Rd. 21	T8	21
Stoneybank Ter. 21	T8	21
Stoneybank View 21	T8	21
Stoneyhill Av. 21	T7	21
Stoneyhill Cres. 21	T7	21
Stoneyhill Ct. 21	T7	21
Stoneyhill Dri. 21	T7	21
Stoneyhill Farm Rd. 21	F7	21
Stoneyhill Gro. 21	T7	21
Stoneyhill Pl. 21	T7	21
Stoneyhill Rd. 21	T7	21
Stoneyhill Ter. 21	T7	21
Storrie's Alley 6	M3	9
Giles St.		
Strachan Gdns. 4	G5	7
Strachan Rd. 4	G5	7
Straiton Pl. 15	Q6	19
Straiton Rd. 17	N12	38
Strathalmond Ct. 4	C4	5
Strathalmond Grn. 4	C4	5
Strathalmond Park 4	C5	5
Strathalmond Rd. 4	C5	5
Strathalmond Way 4	C4	5
Strathearn Pl. 9	K8	16
Strathearn Rd. 9	L8	17
Strathfillan Rd. 9	L8	17
Stuart Cres. 12	D6	13
Stuart Grove 12	D6	13
Stuart Park 12	D6	13
Stuart Square 12	D6	13
Stuart Wynd 12	D6	13
Succoth Av. 12	H6	15
Succoth Ct. 12	H6	15
Succoth Gdns. 12	H6	15
Succoth Park 12	H6	15
Succoth Pl. 12	H6	15
Suffolk Rd. 16	M8	17
Summer Bank 3	L5	9
Summerfield Gdns. 6	N4	10
Summerfield Pl. 6	N4	10
Summerhall 9	M7	17
Summerhall Sq. 9	M7	17
Summer Pl. 3	L4	9
Summerside Pl. 6	L3	9
Summerside St. 6	L3	9
Summer Trees Ct. 16	N9	28
Sunbury Mews 4	J6	16
Sunbury Pl. 4	J6	16
Sunbury St. 4	J6	16
Sunnybank Pl. 7	N5	10
Sunnybank Ter. 7	N5	10
Sunnybank Pl.		
Surgeon Sq. 1	M6	17
Infirmary St.		
Surrey Pl. 12	J6	16
Borthwick Pl.		
Surrey Sq. 12	J6	16
Sutherland St.		
Sutherland St. 12	J6	16
Suttieslea Cres. 22	U15	45
Suttieslea Dr. 22	U15	45
Suttieslea Pl. 22	U15	45
Suttieslea Rd. 22	U15	45
Suttieslea Wk. 22	U15	45
Swan Cres. 23	U17	45
Swanfield 16	M3	9
Swan Spring Av. 10	K10	26
Swanston Av. 10	K11	26
Swanston Cres. 10	K11	26
Swanston Dri. 10	K12	36
Swanston Gdns. 10	K11	26
Swanston Grn. 10	K11	26
Swanston Gro. 10	K12	36
Swanston Loan 10	K11	26
Swanston Pk. 10	K11	26
Swanston Pl. 10	K11	26
Swanston Rd. 10	J11	26
Swanston Row 10	K11	26
Swanston Ter. 10	K11	26
Swanston View 10	K11	26
Swanston Way 10	K12	36
Swanstone Muir 13	J11	26
Sycamore Gdns. 1	F7	14

Street	Grid	Page
Sycamore Rd. 22	U15	45
Sycamore Ter. 12	F7	14
Sydney Park 7	P5	11
Sydney Pl. 7	P5	11
Sydney Ter. 7	P5	11
Sylvan Pl. 9	L7	17
Tait St. 22	T12	41
Talisman Pl. 16	N9	28
Tanfield 3	L4	9
Tanfield La. 3	L4	9
Tantallon Pl. 9	L7	17
Tarvit St. 3	K7	16
Taylor Gdns. 6	M3	9
Gt. Junction St.		
Taylor Pl. 7	N5	10
Taylor Pl. 22	U13	41
Tay St. 11	J7	16
Telfer Subway 11	J7	16
Telford Dri. 4	H4	7
Telford Gdns. 4	H4	7
Telford Pl. 4	H4	7
Telford Rd. 4	G5	7
Telfurton Causeway 7	P5	11
Templeland Gro. 12	E6	14
Templeland Rd.		
Templeland Rd. 12	E6	14
Temple Park Cres. 11	J7	16
Tennant St. 6	M4	9
Tenth St. 22	T15	45
Teviotbank House 16	Q8	19
Teviotdale Pl. 3	K5	8
Teviot Pl. 1	L6	17
Teviot Row 1	L6	17
The Bowling Green 16	M3	9
The Green Way 14	F10	24
The Pottery 15	Q5	11
Pipe St.		
The Quilts 6	M3	9
Third Gate 14	C10	23
Third St. 15	T16	45
Thirlestane La. 9	L8	17
Thirlestane Rd. 9	L7	17
Thistle Ct. 2	L5	9
Thistle St.		
Thistle Pl. 11	K7	16
Thistle St. 2	L5	9
Thomas Fraser Ct. 6	M3	9
Thomson Cres. 14	D11	23
Thomson Dri. 14	D11	23
Thomson Gro. 14	D11	23
Thomson Rd. 14	D11	23
Thomson's Ct. 1	L6	17
Grassmarket		
Thorburn Gro. 13	H11	25
Thorburn Rd. 13	G11	25
Thorneybauk 3	K7	16
Thorntree Side 16	N4	10
Thorntree St. 6	N4	10
Thornville Ter. 6	N4	10
Threipmuir Av. 14	B14	32
Threipmuir Cres. 14	B14	32
Threipmuir Pla. 14	B14	32
Timber Bush 6	N3	10
Tinto Pl. 6	M4	9
Tipperlinn Rd. 10	K8	16
Tobago Pl. 3	K6	16
Morrison St.		
Tolbooth Wynd 6	N3	10
Tolcross 3	K7	16
Torduff Rd.	G12	35
Torphin Rd. 13	F11	24
Torphichen Pl. 3	K6	16
Torphichen St. 3	K6	16
Torrance Park 4	E5	6
Torsonce Rd. 22	S13	40
Toward Ct. 12	D6	13
(Craigievar Wynd)		
Tower Pl. 6	N3	10
Tower St. La. 6	N3	10
Tower St. 6	N3	10
Trafalgar La. 6	M3	9
Trafalgar St. 6	M3	9
Traprain Ter. 20	O14	39
Traquair Park East 12	F7	14
Traquair Park West 12	F7	14
Trench Knowe 10	K11	26
Trinity Ct. 5	K3	8
Trinity Cres. 5	K3	8
Trinity Gro. 5	K3	8
Trinity Mains 5	K3	8
East Trinity Rd.		
Trinity Rd. 5	K3	8
Tron Sq. 1	L6	17
Tryst Park 13	J11	26
Turnbull's Entry 8	L6	17
Potterrow		
Turner Av. 14	A12	32
Turner Park 14	B12	32
Turnhouse Farm Rd. 12	B5	4
Turnhouse Rd. 12	C6	13
Tweedsmuir House 16	Q8	19
Tylers Acre Gdns. 12	F7	14
Tylers Acre Rd. 12	F7	14
Tynecastle La. 11	J7	16
Tynecastle La. 11	J7	16
Tynecastle Pl. 11	J7	16
Tynecastle Ter. 11	J7	16
Gorgie Rd.		
Ulster Cres. 8	O6	18
Ulster Dri. 8	O6	18
Ulster Gdns. 8	O6	18
Ulster Gro. 8	O6	18
Ulster Ter. 8	O6	18
Union Ct. 8	M6	17
Richmond Pl.		
Union Park 19	Q15	43
Union Pl. 1	M5	9
Union St. 1	M5	9
Upper Bow 1	L6	17
Upper Broomieknowe 19	Q14	39
Upper Coltbridge Ter. 12	J6	16
Upper Craigour 16	P9	29
Upper Cramond Ct. 4	D4	5
Upper Damside 4	J6	16
Damside		
Upper Dean Ter. 4	K5	8
Upper Gilmore Pl. 3	K7	16
Upper Gilmore Ter. 3	K7	16
Upper Gray St. 9	M7	17
Upper Greenside La. 1	M5	9
Greenside Row		
Upper Grove Pl. 3	K7	16
Upper Viewcraig Row 8	M6	17
Waterston Av.		
Valleyfield St. 3	K7	16
Vanburgh Pl. 6	N4	10
Vandeleur Av. 7	P5	11
Vandeleur Gro. 7	P5	11
Vandeleur Pl. 7	P5	11
St. Bernard's Row		
Vennel 1	L6	17
Ventnor Ter. 9	M8	17
Vexhim Park 15	Q7	19
Victoria St. 1	L6	17
Victoria St. 23	T17	45
Victoria St. 24	O17	42
Victoria Ter. 1	L6	17
Victoria St.		
Victor Park Ter. 12	E6	14
Viewbank Av. 18	R13	40
Viewbank Cres. 19	R14	40
Viewbank Dri. 19	R14	40
Viewbank Rd. 19	Q14	39
Viewbank View 19	R14	40
Viewcraig Gdns. 8	M6	17
Viewcraig St. 8	M6	17
Viewfield 19	R14	40
Viewfield Pl. 17	P11	29
Main St.		
Viewfield Rd. 14	F10	24
Viewforth 10	K7	16
Viewforth Gdns. 10	K7	16
Viewforth Sq. 10	K7	16
Viewforth Ter. 10	K7	16
Viewpark Gdns. 19	Q14	39
Violet Bank 8	N5	10
Spring Gdns.		
Violet Ter. 11	J7	16
Slateford Rd.		
Vivian Ter. 4	G4	7
Waddell Pl. 6	M4	9
Wakefield Av. 7	P5	11
Walker Cres. 22	R13	40
Walker Pl. 19	P15	43
Walker St. 3	K6	16
Walker Ter. 11	K6	16
Dalry Pl.		
Wallace Cres. 25	N16	42
Walter Scott Av. 16	N9	28
Wardie Av. 5	K3	8
Wardieburn Dri. 5	J3	8
Wardieburn Pl. East 5	J3	8
Wardieburn Pl. Nth. 5	J3	8
Wardieburn Pl. Sth. 5	J3	8
Wardieburn Pl. West 5	J3	8
Wardieburn Rd. 5	J3	8
Wardieburn St. East 5	J3	8
Wardieburn St. West 5	J3	8
Wardieburn Ter. 5	J3	8
Wardie Cres. 5	K3	8
Wardie Dell 5	J3	8
Wardiefield 5	J3	8
Wardie Gro. 5	J3	8
Wardie Park 5	K3	8
Wardie Rd. 5	K3	8
Wardie Sq. 5	K3	8
Wardie Steps 5	K3	8
Wardie Sq.		
Wardlaw Pl. 11	J7	16
Wardlaw St. 11	J7	16
Wardlaw Ter. 11	J7	16
Warrender Park Cres. 9	K7	16
Warrender Park Rd. 9	L7	17
Warrender Park Ter. 9	L7	17
Warriston Av. 3	L4	9
Warriston Cres. 3	L4	9
Warriston Dri. 3	K4	8
Warriston Gdns. 3	K4	8
Warriston Gro. 3	K4	8
Warriston Pl. 3	L4	9
Warriston Rd. 3	L4	9
Warriston Ter. 3	K4	8
Washington La. 11	J7	16
Washington St. 11	J7	16
Waterfall Wk. 22	T13	41
Waterloo Pl. 1	L5	9
Waterside Court 12	H6	15
Coltbridge Av.		
Water St. 6	N3	10
Watertoun Rd. 9	M8	17
Watson Cres. 11	J7	16
Yeaman Pl.		
Wauchope Av. 16	P8	19
Wauchope Cres. 16	P8	19
Wauchope House 16	P8	19
Wauchope Pl. 16	P8	19
Wauchope Rd. 16	P8	19
Wauchope Sq. 16	P8	19
Wauchope Ter. 16	P8	19
Waugh Path 19	R14	40
Waverley Bridge 1	L6	17
Waverley Cres. 19	R14	40
Waverley Dri. 19	R14	40
Waverley Market 2	L6	17
Princes St.		
Waverley Park 8	N5	10
Waverley Park 19	R14	40
Waverley Pk. 22	U15	45
Waverley Park Ter. 8	N5	10
Waverley Pl. 7	N5	10
Waverley Rd. 19	R14	40
Waverley Rd. 22	S13	40
Waverley Steps 2	L6	17
Princes St.		
Waverley St. 22	U15	45
Waverley Ter. 19	R14	40
Waverley Ter. 22	U15	45
Weaver's Knowe Cres. 14	C11	23
Webster Cl. 16	L2	9
Newhaven Pl.		
Webster's Land 1	L6	17
King's Stables La.		
Wedderburn Ter. 21	U7	21
Wee Brae 18	Q14	39
Weir Ct. 11	E9	24
Weir Cres. 22	S13	40
Wellington Pl. 6	N4	10
Wellington St. 7	M5	9
Wemyss Pl. 3	K5	8
Wemyss Pl. Mews 3	K5	8
Wemyss Pl.		
West Adam St. 8	M6	17
West Annandale St. 7	L4	9
West Approach Rd. 11	J7	16
West Arthur St. 8	M6	17
West Bow 1	L6	17
West Bowling Green St. 6	M3	9
West Brighton Cres. 15	Q6	19
West Bryson Rd. 11	J7	16
Westbank Pl. 15	Q5	11
Westbank St. 15	Q5	11

Name	Grid	No.
Westburn 14	E10	24
Westburn Av. 14	E10	24
Westburn Gdns. 14	E10	24
Westburn Gro. 14	E10	24
Westburn Pk. 14	E10	24
West Caiystane Rd. 10	K11	26
West Camus Rd. 10	K11	26
West Carnethy Av. 13	G11	25
West Castle Rd. 10	K7	16
West Catherine Pl. 12	J6	16
West Coates 12	J6	16
West College St. 8	L6	17
West Ct. 4	H5	7
West Craigs Av. 12	C7	13
West Craigs Cres. 12	D7	13
West Craigs Gro. 12	D7	13
West Cromwell St. 6	M3	9
Admiralty St.		
West Crosscauseway 8	M7	17
West End 2	K6	16
West End Pl. 11	J7	16
Wester Broom Av. 12	E7	14
Wester Broom Dri. 12	E7	14
Wester Broom Gdns. 12	E7	14
Wester Broom Gro. 12	E7	14
Wester Broom Pl. 12	E7	14
Wester Broom Ter. 12	E7	14
Wester Clo. 6	L2	9
Main St.		
Wester Coates Av. 12	J6	16
Wester Coates Gdns. 12	J6	16
Wester Coates Pl. 12	J6	16
Wester Coates Rd. 12	J6	16
Wester Coates Ter. 12	J6	16
Wester Drylaw Av. 4	G4	7
Wester Drylaw Dri. 4	G4	7
Wester Drylaw Pk. 4	H4	7
Wester Drylaw Pl. 4	G4	7
Wester Drylaw Row 4	H5	7
Wester Hailes Dri. 14	E10	24
Wester Hailes Pk. 14	F10	24
Wester Hailes Rd. 11	E9	24
Wester Hailes Rd. 14	E10	24
Western Corner 12	G6	15
Saughtonhall Dri.		
Western Gdns. 12	H6	15
Western Pl. 12	H6	15
Western Ter. 12	H6	15
Westfield Av. 11	H7	15
Westfield Ct. 11	H7	15
Westfield Gro. 22	S13	40
Westfield Park 22	S13	40
Westfield Rd. 11	H7	15
Westfield St. 11	H7	15
West Fountain Pl. 11	J7	16
Westgarth Av. 13	G11	25
West Gorgie Parks 14	H8	15
West Gorgie Pl. 14	H8	15
West Grange Gdns. 9	L8	17
W. Granton Cres. 4	G3	7
W. Granton Dri. 4	H3	7
W. Granton Gdns. 4	H3	7
W. Granton Grn. 4	G3	7
W. Granton Gro. 4	H3	7
W. Granton Loan 4	H3	7
W. Granton Pl. 4	G3	7
West Granton Rd. 5	H3	7
W. Granton Row 4	H3	7
W. Granton Ter. 4	H3	7
W. Granton View 4	H3	7
Westhall Gdns. 10	K7	16
West Harbour Rd. 5	J2	8
West Holmes Gdns. 21	T7	21
West Mains Rd. 9	M9	27
West Maitland St. 12	K6	16
West Mayfield 9	M8	17
West Meadow Walk 3	L7	17
West Mill Rd. 13	F11	24
Westmill Rd. 18	Q14	39
West Montgomery Pl. 7	M5	9
Westmost Clo. 6	L2	9
Main St.		
West Newington Pl. 9	M7	17
West Nicolson St. 8	M6	17
West Norton Pl. 7	M5	9
London Rd.		
West Park Pl. 11	J7	16
West Pilton Av. 4	H4	7
West Pilton Bank 4	G3	7
West Pilton Cotts. 4	G3	7
Pennywell Rd.		
West Pilton Cres. 4	G3	7
West Pilton Crossway 4	H3	7
West Pilton Gdns. 4	H3	7
West Pilton Gro. 4	H3	7
West Pilton Park 4	H3	7
West Pilton Pl. 4	H3	7
West Pilton Rise 4	H3	7
West Pilton St. 4	H3	7
West Pilton Ter. 4	H3	7
West Pilton View 4	H4	7
West Port 1	L6	17
West Preston St. 8	M7	17
West Register St. 2	L5	9
West Relugas Rd. 9	L8	17
West Richmond St. 8	M6	17
West Savile Rd. 16	M8	17
West Savile Ter. 16	M8	17
West Telferton 15	P5	11
West Winnelstrae 5	J4	8
Whins Pl. 15	Q5	11
Figgate St.		
White Horse Cl. 7	M6	17
Whitelea Cres. 14	B14	32
Whitelea Rd. 14	B14	32
White Park 11	J7	16
Whitingford 7	L4	9
Bonnyhaugh		
Whitson Cres. 12	G7	15
Whitson Gro. 12	G7	15
Whitson Pl. East 12	G7	15
Whitson Pl. West 12	G7	15
Whitson Rd. 12	G7	15
Whitson Ter. 12	G7	15
Whitson Walk 12	G7	15
Whitson Way 12	G7	15
Whyte Pl. 7	N5	10
Wilfrid Ter. 8	O5	10
Williamfield 15	Q6	19
William Jamieson Pl. 15	Q5	11
Pipe Lane		
William St. La. N. E. 3	K6	16
William St.		
William St. La. N. W. 3	K6	16
William St.		
William St. La. S. E. 3	K6	16
William St.		
William St. La. S. W. 3	K6	16
William St.		
William St. 3	K6	16
Willow Av. 19	Q15	43
Willow Bank Row 6	L3	9
Willowbrae Av. 8	O6	18
Willowbrae Gdns. 8	O6	18
Willowbrae Rd. 8	O6	18
Wilson Av. 22	U12	41
Wilson Rd. 23	U17	45
Wilson's Park 15	Q5	11
Wilton Rd. 16	M9	27
Winton Dri. 10	L12	37
Winton Gdns. 10	L12	37
Winton Gro. 10	K11	26
Winton Loan 10	L12	37
Winton Park 10	K12	36
Winton Ter. 10	L12	37
Wishart Pl. 22	S13	40
Wishaw Ter. 7	N5	10
Wisp, The, 22	Q8	19
Wisp Green 15	Q8	19
Wolrige Rd. 16	N10	28
Wolseley Cres. 8	O5	10
Wolseley Gdns. 8	O5	10
Wolseley Cres.		
Wolseley Pl. 8	O5	10
Wolseley Cres.		
Wolseley Ter. 8	O5	10
Woodbine Ter. 6	N4	10
Woodburn Av. 22	U12	41
Woodburn Dri. 22	T12	41
Woodburn Gdns. 22	U12	41
Woodburn Gro. 22	U12	41
Woodburn Loan 22	U12	41
Woodburn Medway 22	U12	41
Woodburn Pk. 22	U12	41
Woodburn Pl. 10	K8	16
Canaan La.		
Woodburn Pl. 22	U13	41
Woodburn Rd. 22	T12	41
Woodburn St. 22	U12	41
Woodburn Ter. 10	K8	16
Woodburn Ter. 22	U12	41
Woodburn View 22	U13	41
Woodfield Av. 13	F11	24
Woodhall Av. 14	E11	24
Woodhall Bank 13	F11	24
Woodfield Park 13	F11	24
Woodhall Rd. 13	F11	24
Woodville Ter. 6	N4	10
Woolmet Cres. 22	Q10	29
Wright's Houses 10	K7	16
Yardheads 6	M3	9
Yeaman La. 11	J7	16
Yeaman Pl. 11	J7	16
Yewlands Cres. 16	N10	28
Yewlands Gdns. 16	N10	28
York Blds. 2	L5	9
Queen St.		
York La. 1	L5	9
York Pl. 1	L5	9
York Rd. 5	L3	9
Young St. La. Nth. 2	K6	16
Young St. La. Sth. 2	K6	16
Young St. 2	K6	16
Zetland Pl. 5	K3	9

ADDENDUM

Following the 1989 revision the street names listed below should be added to, or deleted from, the main index to street names.

Additions

Street	Ref	
Aitkenhill 12	G 8	15
Arran Pl. 15	R 6	20
Avenue West 14	C11	23
Baberton Mains Pl. 14	E10	24
Bangholm Gro. 5	L 3	9
Bonaly Wester 13	G11	25
Boothacre La. 6	O 4	10
Bowmont Pl. 8	M 7	17
Bridge End 16	N 8	18
Briery Bauks 8	M 6	17
Brunstanegate 15	R 7	20
Buccleugh St. 8	M 7	17
Buckstone Circle 10	L11	27
Buckstane Pk. 10	K10	26
Bughtlin Pk. 12	D 6	5
Bughtlin Rd. 12	D 6	13
Burghtoft 17	P11	29
Cairngorm Ho. 6	M 3	9
Caithness Pl. 5	K 3	8
Caiyside 10	K11	26
Candlemaker Pk. 17	P11	29
Caroline Park Av. 5	H 3	7
Caroline Park Gro. 5	H 3	7
Cherry Tree Pl. 14	C12	33
Churchill Dri. 10	K 8	16
Citadel Pl. 6	M 3	9
Commercial St.		
Citadel St. 6	M 3	9
Cockburnhill Rd. 14	A14	32
Coinyie-House Clo. 1	M 6	17
Blackfriars St.		
Corbiehill Pk. 4	G 4	6
Craigmillar Ct. 16	O 8	18
Cramond Brig Toll 4	C 4	5
Craufurdland 4	D 4	5
Crawford Bri. 7	N 5	10
Currievale Park Gro. 14	C12	33
Deanpark Bank 14	B13	32
Deanpark Sq. 14	B14	32
Delhaig 12	H 8	15
Dowies Mill Cotts. 4	C 4	5
Dreghorn Cotts. 13	H12	35
Drum Brae Wk. 4	D 5	5
Dun-Ard Gdns. 9	L 8	17
East Chamanyie 16	M 8	17
East Lillypot 5	K 3	8
East Telferton 7	P 5	11
East Weberside 4	J 4	8
Easter Currie Ct. 14	D12	33
Easthouses Rd. 22	U14	41
Edgefield Pl. 20	O14	38
Edinburgh Rd. 30	B 3	4
Egypt Mews 10	L 8	17
Electra Pl. 15	Q 5	11
Elizafield 6	M 4	9
Figgate La. 15	Q 5	11
Galachlaw Shot 10	L11	27
Galachlawside 10	L11	27
Gilbertstoun 15	R 7	20
Gilmerton Pl. 17	O11	28
Glebe, The 4	D 3	5
Glenlea Cotts. 12	H 8	15
Glover St. 6	N 4	10
Gorgie Cotts. 12	H 8	15
Grantully Pl. 9	M 8	17
Great Cannon Bank 15	Q 5	11
Green, The 14	B14	32
Greenlaw Hedge 13	J10	26
Greenlaw Rig 13	J10	26
Grindlay Street Ct. 3	K 6	16
Gyle Park Gdns. 12	D 7	13
Gyle-Redheughs Rd. 12	D 7	13
Hainburn Pk. 10	J11	26
Hamburgh Pl. 6	M 3	9
Harlaw Rd. 14	B14	32
Henry St. 8	M 7	17
High Buckstone 10	L11	27
Hillcoat Loan 15	Q 5	11
John Russel Ct. 6	M 3	9
Cromwell Pl.		
Johnsburn Grn. 14	A13	32
Johnsburn Haugh 14	A13	32
Johnsburn Pk. 14	A13	32
Juniper Gdns. 14	E11	24
Juniper La. 14	E11	24
Kyle Pl. 7	M 5	9
Ladywell Av. 12	E 7	14
Lanark Road West 14	A13	32
Larchfield Neuk 14	B13	32
Larkfield Dri. 22	R13	40
Learmonth Gardens La. 4	J 5	8
Learmonth Terrace La. 4	J 5	8
Liberton Rd. 16	N 9	28
Linden Pl. 20	O14	38
Loanhead Rd. 20	N13	38
Lochend Castle Barns 7	N 5	10
Lockerby Gro. 17	O11	28
Main St. 22	T15	45
Mains of Craigmillar 16	O 9	28
Malleny Millgate 14	B14	32
Marchfield Park La. 4	F 4	6
Mavisbank Pl. 18	P15	43
Maybury Dri. 12	D 6	13
Meadow Rd. 14	C10	23
Millar Place La. 10	K 8	16
Moira Pk. 7	P 5	11
Morrison Street Link 3	K 6	16
Mortonhall Park Bank 16	N11	28
Mortonhall Park Pl. 16	N11	28
Mortonhall Park Ter. 16	N11	28
Mossgiel Wk. 16	N 9	28
Mounthooly Loan 10	L11	27
Muir Wood Cres. 14	D11	23
Muir Wood Dri. 14	D11	23
Muir Wood Gro. 14	D11	23
Muir Wood Pl. 14	D11	23
Muir Wood Rd. 14	D11	23
Muirside 13	J11	26
Murray Cotts. 12	E 7	14
Murrayfield Pl. 12	H6	15
Nellfield 16	N10	28
Nether Craigwell 8	M 6	17
New Arthur Pl. 8	M 6	17
New Orchardfield 6	M 4	9
Newcraighall Rd. 15	Q 8	19
North Bughtlin Pl. 12	D 6	13
North Bughtlinfield 12	D 5	5
North Cairntow 15	O 7	18
North La. 2	K 6	16
North Leigh Sands 6	M 3	9
North Leith Mill 6	M 3	9
North Meggetland 14	J 8	16
North Peffer Pl. 16	O 8	18
North Weber Pk. 4	J 4	8
North Weber Pl. 4	J 4	8
North Weber Rd. 4	J 4	8
North Wk., The 10	K 9	26
Oakfield 8	M 6	17
Orrok Pk. 16	N 9	28
Pennywell Cotts. 4	G 3	7
Pirniefield Bank 6	O 4	10
Quilts Wynd 6	M 3	9
Rathbone Pl. 15	Q 5	11
Figgate La.		
Ravelrig Hill 14	A13	32
Redheughs Av. 12	D 8	13
Redheughs Muir 12	D 8	13
Redheughs Rd. 12	C 7	13
Redheughs Rigg 12	D 8	13
Reekies Ct. 8	M 6	17
Regent Terrace Mews 7	M 5	9
Research Avenue One 14	C10	23
Research Avenue Two 14	C10	23
Rocheid Pk. 5	J 4	8
Royal Terrace Mews 7	M 5	9
St. Leonards Crag 8	M 7	17
St. Leonards La.		
St. Teresa Pl. 10	J 8	16
Sandport 6	M 3	9
Seafield Moor Rd. 10	L13	37
Sheriff Pk. 6	M 3	9
Shrub Mt. 15	Q 5	11
Sienna Gdns. 9	M 7	17
Sir Harry Lauder Rd. 15	P 5	11
South Beechwood 12	G 7	15
South La. 2	K 6	16
South Maybury 12	D 7	13
Maybury Rd.		
South Mellis Pk. 8	P 6	19
Southhouse Loan 17	N12	38
Spa Pl. 15	Q 5	11
Figgate La.		
Stair Pk. 12	H 6	15
Stewartfield 6	L 4	9
Straiton Rd. 17	N13	38
Sunnyside 7	N 5	10
Telferton 7	P 5	11
Thomas Fraser Ct. 6	M 3	9
Cromwell Pl.		
Threipmuir Gdns. 14	B14	32
Tollcross 3	K 7	16
Tressilian Gdns. 16	N 9	28
Tylers Acre Av. 12	F 7	14
Upper Craigour Way 16	P 9	29
Wadingburn Rd. 18	P14	39
Waulkmill Loan 14	C12	33
Wellington Cotts. 22	S10	30
West Cromwell St. 6	M 3	9
Commercial St.		
West Ferryfield 5	J 4	8
West Pilton Dri. 4	H 3	7
West Pilton Lea 4	H 3	7
West Pilton Loan 4	H 3	7
West Weberside 4	J 4	8
West Woods 4	J 4	8
Westbank Loan 15	Q 5	11
Westbank Pl. 15	Q 5	11
Westbank St. 15	Q 5	11
Westburn Av. 14	E10	24
Westburn Gdns. 14	E10	24
Westburn Gro. 14	E10	24
Westburn Middlefield 14	E10	24
Westburn Pk. 14	E10	24
Wester Broom Av. 12	E 7	14
Wester Broom Dri. 12	E 7	14
Wester Broom Gdns. 12	E 7	14
Wester Broom Gro. 12	E 7	14
Wester Broom Pl. 12	E 7	14
Wester Broom Ter. 12	E 7	14
Wester Coates Av. 12	J 6	16
Wester Coates Gdns. 12	J 6	16
Wester Coates Pl. 12	J 6	16
Wester Coates Rd. 12	J 6	16
Wester Coates Ter. 12	J 6	16
Wester Drylaw Av. 4	H 4	7
Wester Drylaw Dri. 4	H 4	7
Wester Drylaw Pk. 4	H 4	7
Wester Drylaw Pl. 4	G 4	7
Wester Drylaw Row 4	H 5	7
Wester Hailes Dri. 14	E10	24
Wester Hailes Pk. 14	F10	24
Wester Hailes Rd. 14	E10	24
Western Corner 12	G 6	15
Western Gdns. 12	H 6	15
Western Pl. 12	H 6	15
Western Ter. 12	H 6	15
Westfield Av. 11	H 7	15
Westfield Ct. 11	H 7	15
Westfield Rd. 11	H 7	15
Westfield St. 11	H 7	15
Westgarth Av. 13	G11	25
Westhall Gdns. 10	K 7	16
Westland Cotts. 17	P11	29
Westland Houses 17	P11	29
Ravenscroft Pl.		
Wheatfield Pl. 11	H 7	15
Wheatfield Rd. 11	H 7	15
Wheatfield St. 11	J 7	16
Wheatfield Ter. 11	H 7	15
White Dales 10	L11	27
White Pk. 11	J 7	16
Whitehill Av. 21	T 8	21
Whitehill Gdns. 21	T 8	21
Whitehill Rd. 15	R 8	20
Whitehill St. 21	R 8	20
Whitehouse Loan 9	K 7	16
Whitehouse Rd. 4	D 4	5
Whitehouse Ter. 12	F 7	14
Windmill Pl. 8	M 7	17
Windsor St. 7	M 5	9
Woodhall Millbrae 14	F11	24
Wyvern Pk. 9	L 8	17

Deletions

Andrew Wood Ct. 6	L 3	9	Edinburgh-Peebles Rd. 10	L13	37	Muirwood Pl. 14	D11	23
Balerno-Harlaw Rd. 14	B13	32	Fernielaw Gdns. 13	G11	25	Muirwood Rd. 14	D11	23
Bangor La. 6	M 3	9	Figgate Pl. 15	Q 5	11	Murrayfield Pl. 12	H 6	15
Barony Terrace West 12	E 6	14	Gyle-Redhaughs Rd. 12	D 7	3	*Coltbridge Av.*		
Beaumont Pl. 8	M 7	17	Hamborough Pl. 6	M 3	9	Murray Grn. 12	E 7	14
Blackford Glen	N 9	28	Hamburg Pl. 6	M 3	9	Nether Liberton 16	N 9	28
Cotts. 16			Heriot Mt. 8	M 6	17	New Craighall Rd. 15	Q 8	19
Bonaly Pk. 13	G11	25	John Russel Ct. 6	M 3	9	North Bughtlin Pk. 12	D 6	5
Brunstane Rd. Sth. 15	R 7	20	Kyle Pl. 7	M 5	17	North Cairnton 16	Q 5	18
Buckstone Circle	L11	27	Lanark Rd. 14	A13	32	North Leith Sands 6	M 3	9
Sth. 10			Larkfield Rd. 22	R13	40	North Peffer Pl. 16	O 7	18
Buckstone Pk. 10	K10	26	Larkfield Rd. 22	S13	40	Park Ct. 10	J 9	26
Buckstonehead 10	L11	27	Lindale Sq. 20	M13	37	Pennywell Villas Cotts. 4	G 3	7
Bughtlin Dri. 4	D 6	13	Loan Rd. 17	O12	38	Pewlands Ct. 10	J 9	26
Burndene Dri. 20	M13	37	Lomond Wk. 20	M13	37	Ramsey Sq. 20	O14	38
Cairnie-Whitehill Rd. 15	R 8	20	Main St., Dal.	T15	45	Rathbone Pl. 15	Q 5	11
Caroline Park Gdns. 5	H 3	7	Malleny Millgate 14	B12	32	Rocheid 5	J 4	8
Citadel Pl. 6	M 3	9	Marine Pde. 6	L 2	9	Rowan Tree Pl. 14	C12	33
Coingie Clo. 1	M 6	17	Maybank Pl. 18	P15	43	Sandport 6	N 3	10
Blackfriars St.			Mayburn Dri. 12	D 6	13	*Dock Pl.*		
Corstorphine Bank	E 6	14	Mayburn Dri. 4	D 5	5			
Cotts. 12			Meadow Bank Cotts. 20	N13	38	South Mellis Pk. 8	O 6	18
Craighouse Ct. 10	J 9	26	Mortonhall Bank 16	N11	28	Straiton Rd. 17	N12	38
Craigmillar Ho. 16	O 8	18	Mortonhall Pl. 16	N11	28	Telfurton Causeway 7	P 5	11
Dreghorn Mains 13	H12	35	Mortonhall Ter. 16	N11	28	Thomas Fraser Ct. 6	M 3	9
East Chamanyie 16	L 8	17	Muir Pl. 12	H 6	15	Threipmuir Cres. 14	B14	32
East Houses Rd. 22	U14	41	Muirwood Cres. 14	D11	23	Tolcross 3	K 7	16
Edinburgh-Carlisle	S14	40	Muirwood Dri. 14	D11	23	Viewfield Pl. 17	P11	29
Rd. 22			Muirwood Gro. 14	D11	23	*Main St.*		